VITTORIO SERRA

Mailand

Neuer praktischer Stadtführer

D1695694

- **Kirchen**
- **Museen**
- **Monumente**
- **Brunnen**
- **Der restaurierte Abendmahlssaal**
- **Wichtige Hinweise**

BONECHI
edizioni il Turismo
FIRENZE - 1954

© Copyright Bonechi - Edizioni "Il Turismo" S.r.l.
Via dei Rustici 5 - 50122 Firenze (Florenz)
Tel. +39-055-2398224/25
Fax +39-055-216366
E-mail: barbara@bonechi.com
E-mail: bbonechi@dada.it
http:/www.bonechi.com
Alle Rechte vorbehalten
Druck in Italien

Verlagsdirektor: Barbara Bonechi
Grafischer Entwurf: Nunzia Trabucco
Umbruch: Media Studtio - Florenz
Redaktion und Bildforschung: Lorena Lazzari
Überarbeitung: Giuliano Valdes, Editing Studio - Pisa
Nützliche Hinweise: Giuliano Valdes
Übersetzung: Heide Marianne Siefert
Fotonachweis: Verlagsarchiv Bonechi Edizioni "l Turismo" S.r.l.; Fabio Stella;
Archivio Scrocchi, Mailand
Luftaufnahmen: Die von Pubbli Aer Foto, Mailand, hergestellten Fotos sind
Eigentum des Bonechi-Verlags: S. 49 - Genehm. S.M. A. 327/74; S. 93 oben
- Genehm. S.M.A. 401/69; S. 118 - Genehm. S.M.A. 401/69 und I-Buga, Mailand:
S. 9 unten - Genehm. S.M.a. 256/82
Refektorium (Santa Maria delle Grazie): Konzession des Ministero per i Beni
e le Attività Culturali (Ministerium für Kulturgüter und Kulturarbeit) - Mailand
Fotolithos: Cartografia Ciulli, Florenz
Druck: BO.BA.DO.MA., Florenz
ISBN: 88 7204-440-5

* In der Veröffentlichung ist jeweils der Standort der Werke zum Zeitpunkt der Herausgabe
angegeben.

Kurzer historischer Überblick

*M*ailand wurde um 400 v. Chr. von den Insubrern, einem keltischen Voksstamm, gegründet. Als jedoch die Römer, in ewigem Kampf mit den Galliern, in diese Gegend vordrangen, eroberten sie die Siedlung und gaben ihr den Namen "Mediolanum", d.h. "inmitten der Ebene". Die Bewohner widersetzten sich und verbündeten sich mit Hannibal, aber im Jahre 196 v. Chr. musste sich die Stadt der römischen Herrschaft beugen, und von da an entwickelte es sich zum wichtigsten Industrie- und Handelszentrum Norditaliens. Alle von Rom erlassenen Gesetze kamen Mediolanum zugute, und die Stadt blühte auf.

Zwischen Ende des ersten und Anfang des zweiten Jahrhunderts nahm Mailand das Christentum an. Ein Jahrhundert später wurde die Stadt Sitz einer Diözese, und die ersten Bischöfe spielten eine immer größere Rolle im Leben der Stadt, besonders unter dem Episkopat des heiligen Ambrosius. Als zeitweilige Hauptstadt des Römischen Imperiums behielt Mailand seine Vorrangstellung bis zur Zeit des Kaisers Theodosius, aber unter Honorius ging dieses Privileg 404 an Ravenna über. Während der Barbareneinfälle fiel Mailand den Burgundern zu, und im Jahre 539 ging der Zorn des Ostgotenkönigs Witigis über die Stadt hinweg.

Während der Herrschaft der Langobarden von 568 bis 774 verlor Mailand viel von seiner Bedeutung und musste sich unterordnen, da die Langobarden als Hauptstadt Pavia vorzogen. Auch mit dem Erscheinen der Franken änderte sich nicht viel, obwohl in jener Zeit die Stadt durch die Tätigkeit ihrer Bischöfe langsam wieder an Bedeutung zunahm. Um die Mitte des 10. Jahrhunderts lag die politische Oberherrschaft in den Händen des Klerus und des reichen Bürgerstands, denen es gelang, der Stadt eine neue Ordnung zu geben und Handel und Verkehr wieder aufblühen zu lassen.

Während der religiösen Auseinandersetzungen und der politischen und sozialen Wirren von 1018 bis 1045 ergriffen die Mailänder bald für den einen, bald für den anderen Kaiser jenseits

Einzug Viktor Emanuels II. und Napoleons III. in Mailand (Museo del Risorgimento)

3

Piazza Duca d'Aosta mit dem Pirelli-Hochaus und dem Hauptbahnhof

*der Alpen Partei, und so ging Italien allmählich dem Zeitalter der Kommune entgegen. In der
zweiten Hälfte des 11. und Anfang des 12. Jahrhunderts war Mailand in den furchtbaren Kampf
zwischen Kaiserreich und Papsttum verwickelt. Danach kam es zur Bildung der Stadtkommu-
ne, einer Neuordnung, die einen schnellen Aufschwung zur Folge hatte und mit deren Hilfe die
Stadt den schrecklichen Auswirkungen der Politik Kaiser Friedrichs begegnen konnte, der im
Jahre 1162 Mailand zerstörte. Wenig später, im Jahre 1167, wurde die Lombardische Liga
gegründet, und mit der Niederlage des Kaisers bei Legnano änderte sich die politische Situation.
In der Folgezeit festigte sich trotz blutiger Parteikämpfe die städtische Ordnung, bis sich in der
zweiten Hälfte des 13. Jahrhunderts die ersten Anzeichen der "Signorie" bemerkbar machten.*

Mehrere mächtige Familien kämpften um die Oberhoheit der Stadt, ein Streit, aus dem die Familie Visconti als Sieger hervorging. Von 1330 bis 1447 übten sie eine despotische Herrschaft aus, jedoch gelang es ihnen, der Stadt eine Zeit des wirtschaftlichen, künstlerischen und kulturellen Fortschritts zu verschaffen. Mit dem Ende der Herrschaft der Visconti wurde die Ambrosianische Republik gegründet, die allerdings von äußerst kurzer Dauer war, da sie der Herrschaft der Sforza Platz machen musste, die von 1450 bis 1535 anhielt.

Von nun an hatte Mailand sozusagen keine unabhängige Geschichte mehr. Die Stadt fügte sich in die politischen Machtspiele der Familie Sforza ein, deren Herrscher an der europäischen Politik teilnahmen, wie die gemeinsamen Feldzüge von Ludovico il Moro, Karl VIII. von Frankreich und

Der Domplatz von Giuseppe Migliara, Reproduktion

anderen Machthabern zeigten, die der Besitz der Halbinsel reizte. So ging der Kampf zwischen Franz I. von Frankreich und Karl V. von Spanien günstig für den letzteren aus, und Mailand ertrug von diesem Augenblick an (1535) bis 1706 wider Willen das spanische Joch, das der Stadt keinen Vorteil, sondern lediglich einen langsamen Niedergang einbrachte.

Nach den Erbfolgekriegen und deren Beendigung durch Verträge zwischen den Beteiligten fiel Mailand 1706 unter die Herrschaft von Österreich, die mit Ausnahme einer kurzen Unterbrechung bis zur Besetzung durch Napoleon und zur Gründung der Cisalpinischen Republik im Jahre 1797 andauerte. Unter der österreichischen Herrschaft blühte jedoch die Industrie Mailands wieder auf, und zahlreiche kulturelle Initiativen machten die Stadt zu einem bedeutenden Zentrum in jener Zeit. Unter Napoleon wurde Mailand zunächst Hauptstadt der Italienischen Republik und später, im Jahre 1805, Hauptstadt des Königreichs Italien, aber der schnelle Fall Napoleons lieferte Österreich die Gelegenheit, sich 1845 die Lombardei wieder anzueignen, die es bis 1859 behielt.

Trotz der drückenden, österreichischen Herrschaft folgten die Mailänder dem Ruf des italienischen Patriotismus, und sie wurden allen Italienern zum Vorbild aufgrund ihres Mutes, mit dem sie sich der österreichischen Besatzungsmacht während der berühmten "Märzrevolution" (18.-23. März 1848) entgegenstellten. Obwohl die Erhebung durch die Übermacht der gegnerischen Kräfte erstickt wurde und von den tapferen Vorkämpfern der italienischen Unabhängigkeit politisch nicht ausgeschöpft wurde, weckte dieses Ereignis im italienischen Volk doch jenes nationale Bewusstsein, das später zur Einigung Italiens führte.

Die Geschichte Mailands endete somit im Jahre 1859. Die Stadt wurde Bestandteil der nationalen Einheit mit dem ganzen Gewicht ihrer politischen, kirchlichen und kulturellen Geschichte, wie auch mit ihrer Industrie- und Handelstätigkeit, und leistete einen hervorragenden Beitrag zur Entwicklung des neugegründeten Staates. Mit Recht bezeichnen die Mailänder ihre Stadt als die "moralische Hauptstadt Italiens".

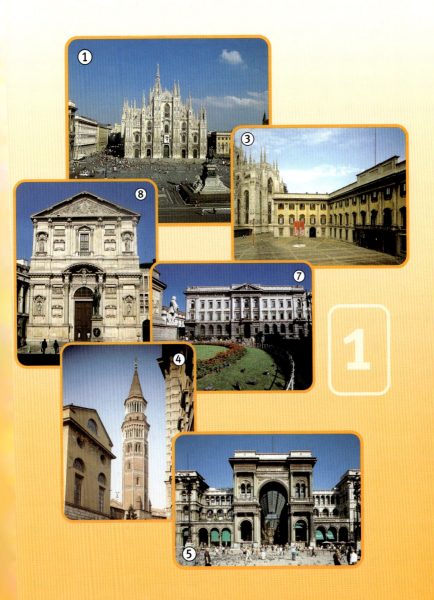

1 Piazza del Duomo
2 Dom
3 Palazzo Reale (Sitz des Dommuseums)
4 Kirche San Gottardo in Corte
5 Galleria Vittorio Emanuele II.
6 Piazza della Scala
7 Teatro alla Scala (Die "Scala")
8 Kirche San Fedele
9 Poldi-Pezzoli-Museum

Der Domplatz

Der große Platz ist sozusagen der Spiegel Mailands und seiner Bürger. In der Tat kommt hier zu jeder Tageszeit ein Strom von Mailändern vorbei, sei es, dass der Platz unter der heißen Sonne erglüht oder unter einer hohen Schneedecke liegt. Die Menschen überqueren ihn eilig, fast, als ob sie die Schönheit des großen, hellen Platzes und die mächtige, weiße Kathedrale nicht bemerkten. Aber das ist nicht wahr. Der Mailänder folgt seinem Arbeitsrhythmus, aber wenn er hier vorbeikommt, genügt ihm ein einziger Blick, um dieses unvergleichliche Bild in sich aufzunehmen, das ihm Trost bietet und ihn anspornt, ihn mit Stolz erfüllt und ihm das Herz weitet, bevor er in der Untergrundbahn verschwindet oder vom hektischen Großstadtverkehr mitgerissen wird.

Der große, rechteckige Platz wurde 1865 und in den folgenden Jahren von dem Architekten Giuseppe Mengoni angelegt. In der Mitte erhebt sich das **Denkmal für Viktor Emanuel II.**, ein Werk von Ercole Rosa (1896). Das bronzene Reiterstandbild stellt den König in der Schlacht von San Martino dar, die Sockelreliefs dagegen zeigen den *Einzug der piemontesischen und französischen Truppen in Mailand* nach der Schlacht von Magenta (1859). Den Hintergrund bildet der gewaltige Dom, nach dem der Platz benannt ist; links der *Palazzo Settentrionale* mit Säulengang und dem großen Eingangsbogen zur *Galleria Vittorio Emanuele*; rechts der *Palazzo Meridionale*, ebenfalls mit Portikus, dem sich zwei weitere Paläste mit Loggien anschließen. Auf der Seite gegenüber dem Dom steht der *Palazzo dell'Orologio*. Unter dem Domplatz überschneiden sich zwei Linien der "Metropolitana", die rote und die gelbe, mit entsprechendem U-Bahnhof und Umsteigemöglichkeit.

Piazza del Duomo

Denkmal für Viktor Emanuel II. von Ercole Rosa

Luftaufnahme des Domplatzes

Der Dom

Der Dom

Dieses majestätische Bauwerk ist Mailands bedeutendstes Monument und stellt gleichzeitig das größte Werk der gotischen Baukunst in Italien dar. Der riesige Bau, an dem jahrhundertelang gearbeitet wurde und der den Beitrag vieler Generationen forderte, wurde auf Wunsch der Mailänder Bevölkerung, mit Hilfe des Erzbischofs Antonio da Saluzzo und dank der Gönnerschaft des Herzogs Gian Galeazzo Visconti im Jahre 1386 begonnen. Der Grundstein wurde an der Stelle einer ehemaligen Kirche, S. Maria Maggiore aus dem 9. Jahrhundert, gelegt. Der erste Baumeister ist unbekannt; zweifellos inspirierte er sich jedoch an den gotischen Kathedralen jenseits der Alpen. Einige Kunsthistoriker schreiben den Originalentwurf einer Gruppe von Baumeistern zu, unter anderem Simone da Orsenigo, der für die Bauleitung verantwortlich war, Marco Frisone da Campione, Giovannino de Grassi und anderen. Mit Sicherheit haben an dem Bau jedoch im Laufe der Jahrhunderte italienische, französische und deutsche Künstler gearbeitet.So erklären sich die verschiedenen Stilelemente, die jedoch alle miteinander harmonieren. 1389 nahm der Pariser Nicolao De Bonaventuris an den Arbeiten teil, dem die Entwürfe der Apsisfenster zu verdanken sind, und in der Folgezeit leiteten die aus Como stammenden Künstler Giovannino und Salome de Grassi, Giacomo da Campione und Gabriele Stornaloco aus Piacenza den Dombau, der später von den Deutschen Hans von Freiburg, Heinrich Parler von Gmünd, Ulrich von Frissingen, dem Flamen Conrad Bruges sowie Jean Mignot aus Paris übernommen wurde, mit dem sich der Ring der ausländischen Baumeister schließt. Im Jahre 1400 wurde dann Filippino degli Organi zum Bauleiter ernannt, der das Maßwerk an der Apsis und am Dach, an den Gewölben und den Kapitellen schuf. Von diesem Augenblick an gingen die Arbeiten rasch voran, und im Jahre 1418 weihte Papst Martin V. auf der Durchreise durch Mailand den Hochaltar ein. In der zweiten Hälfte des 15. Jahrhunderts wurde die Bauleitung auf Wunsch des Herzogs

Dom, Teilansicht der Südflanke

Dom, Apsis

Francesco Sforza den beiden Solari sowie dem berühmten Baumeister Giovanni Antonio Amadeo anvertraut, der den Vierungsturm hinzufügte. Nach dem Tode von Amadeo (1522) trat eine Stockung ein, bis im Jahre 1567 auf Wunsch des Erzbischofs Carlo Borromeo (Karl Borromäus) die Arbeiten wiederaufgenommen wurden, und zwar unter der Leitung von Pellegrino Tibaldi, Pellegrini genannt, der den Fassadenentwurf in klassisch-barockem Stil erstellte. Im Jahre 1572 wurde die Kathedrale durch den Erzbischof Borromäus noch einmal geweiht. Nach Pellegrini arbei-

Dom, Fassade mit Portalen

teten am Dombau Martino Bassi und Lelio Buzzi, und schließlich, im 17. Jahrhundert, zunächst Francesco Maria Richini und dann Carlo Buzzi, die den Bau der von Pellegrini entworfenen Fassade begannen, jedoch mit einigen Änderungen, um den Stil wieder mit der gotischen Linienführung des Ganzen in Einklang zu bringen.

Im Jahr 1765 errichtete man die Hauptspitze, die ab 1774 von der berühmten, vergoldeten Muttergottesstatue, der sog. "Madonnina", gekrönt wurde. Angeregt durch das Interesse Napoleons, wurden die Fassadenarbeiten 1805 unter der Lei-

Dom, Apostel und Propheten, Statuen an der Fassade

tung von Carlo Amati vollendet. Noch das ganze 19. Jahrhundert hindurch fügte man Fialen und stufenförmige Türmchen rund um den Vierungsturm an. Die Ein- gangstüren der Fassade, mit Ausnahme des mittleren Portals von Pogliaghi (1908), wurden in den Jahren zwischen 1948 und 1965 eingesetzt. Schwierig und umfangreich stellte sich die Bauunterhaltung durch die Jahrhunderte dar, im Rahmen derer auch in den achtziger und neunziger Jahren des 20. Jahrhunderts beachtliche Arbeiten durchgeführt wurden.

Masse und besondere Merkmale des Gebäudes. - Mit einer Fläche von 11.700 qm ist der Dom von Mailand die zweitgrößte Kirche Italiens und - nach der Peterskirche im Vatikan und der Kathe-

Dom, Mittelportal

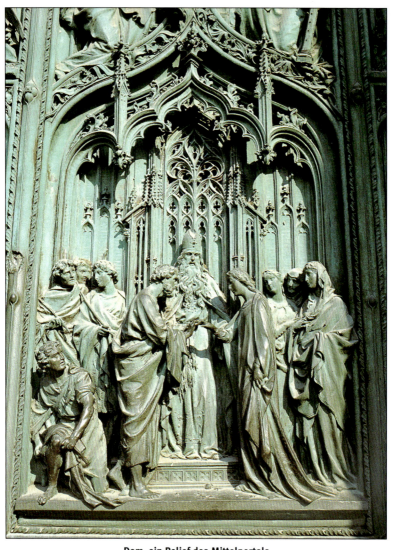

Dom, ein Relief des Mittelportals

drale von Sevilla - die drittgrößte der Welt. Außenlänge 157 m. Breite der Schiffe 66 m. Breite des Querschiffs 92 m. Die Fassade ist 56 m hoch und 67,90 m breit. Die Kathedrale hat 135 Fialen, von denen die größte mit der vergoldeten *"Madonnina"* 108,50 m hoch ist. Der für die Verkleidung verwendete, weiß-rosa Marmor mit bläulicher Äde-rung stammt aus Candoglia. 2.300 Statuen schmücken den Außenbau, mit den Statuen im Innern wächst die Zahl auf 3.400 (ausgenommen sind die Figuren in den Fensternischen). Die Zahl der Wasserspeier beträgt 96.

Die Fassade - Die untere Zone bis zur ersten Fensterreihe, die im 16. Jahr-

Dom, ein Relief des Mittelportals

hundert nach Plänen Pellegrinis ausgeführt wurde, trägt barocke Züge. Der obere Teil dagegen, der in den folgenden Jahrhunderten entstand, besitzt wieder gotische Formen. Die Fassade wird durch sechs hohe Pfeiler gegliedert, die von schlanken Türmchen (Fialen) gekrönt werden. Zwischen den Pfeilern öffnen sich fünf mächtige Portale im Stile des 16. Jahrhunderts. Darüber liegen zwei Reihen Fenster, die, von Pfeiler zu Pfeiler ansteigend, sich in der Mitte vereinigen und den Giebel bilden. Die Pfeilersockel tragen Reliefverzierungen mit *biblischen Szenen*, die im 17. und 18. Jahrhundert ausgeführt wurden, während die Pfeiler im unteren Teil mit *Telamonen* aus der gleichen

Dom, Hauptschiff

Epoche geschmückt sind. Die oberen, auf Konsolen ruhenden Statuen stellen *Apostel und Propheten* dar und wurden Anfang des 19. Jahrhunderts ausgeführt. Die Friese des ersten Portals von links sind ein Werk von Giovanni Battista Crespi, während die Bronzetür mit der Darstellung des *Ediktes von Konstantin* von Arrigo Minerbi (1948) stammt. Die Verzierungen des zweiten Portals sind ebenfalls von Crespi; die

Bronzetür mit *Episoden aus dem Leben des hl. Ambrosius* ist von Giannino Castiglioni (1950). Das herrliche Hauptportal, dessen Eckpfeiler reich verziert sind mit Blumen- und Tiermotiven, wurde nach Zeichnungen von Francesco M. Richini ausgeführt; die schöne Bronzetür mit *Darstellungen aus dem Leben Mariens* ist ein Werk von Ludovico Pogliaghi (1894-1908). Der Fries des vierten Portals ist wiederum von Crespi; die Bronzetür, auf der die *Geschichte Mailands von der Zerstörung durch Barbarossa bis zum Sieg von Legnano* dargestellt ist, wurde von Franco Lombardi begonnen und von Virgilio Pessina beendet (1950); der Fries des fünften Portals stammt von Carlo Biffi, während die Bronzetür mit Reliefdarstellungen über die *Wichtigsten Ereignisse der Dombaugeschichte* ein Werk von Luciano Menguzzi (1965) ist.

Das Innere - Die überwältigende Weite des Gotteshauses und das milde, farbige Licht, das durch die großen Fenster einströmt, erwecken in der Seele des Betrachters ein unvergleichliches Andachtsgefühl. Die fünfschiffige Kirche mit dreischiffigem Querhaus enthält 52 hohe Bündelpfeiler zur Stütze der Gewölbe. Die Pfeiler tragen Kapitelle mit Pflanzenornamenten. In den Mittelschiffen stehen Baldachinpfeiler mit Statuen von *Heiligen* in den ringförmig angeordneten Nischen. Die tiefe Apsis umläuft ein weiter Chorumgang

(Deambulatorium). Der in jüngerer Zeit erneuerte Fußboden wurde nach einem Entwurf Pellegrinis ausgeführt. Das zur Vierung führende Hauptschiff sowie das Mittelschiff des Transepts haben jeweils die doppelte Breite der Seitenschiffe. Das großartige Mittelportal der Innenfassade stammt von Fabio Mangone; die krönenden Statuen des *Hl. Ambrosius* und des *Hl. Karl* schufen Pompeo Marchesi und Gaetano Monti.

Rechtes Seitenschiff - 1. Joch, *Grabmal für den Erzbischof Ariberto da Intimiano*, den Erfinder des "Carroccio", 11. Jahrhundert. Über dem Grab wertvolles, kupfernes *Kruzifix*, lombardische Arbeit des 11. Jahrhunderts. Links eine Gedenktafel mit Inschrift über das Gründungsjahr des Domes (1386). - 2. Joch, *Mausoleum des Erzbischofs Ottone Visconti* (gest. 1295) in rotem Marmor, ein Werk aus dem 14. Jh. - 4. Joch, *Sarkophag des Marco Carelli* von Filippino degli Organi (1406). - 5. Joch, Tafel mit dem Entwurf der Domfassade nach

Dom, Grabmunument für Gian Giacomo de' Medici von Leone Leoni (rechtes Querschiff)

einem Vorschlag von G. Brentano aus dem Jahre 1886; links *Grabmal des Kardinals Vimercati* von Bambaia. Die 26 Bilder des Fensters mit *Darstellungen aus dem Neuen Testament* sind nur ein Teil eines großen Kirchenfensters, das von Bertini wieder zusammengesetzt wurde. - 6. Joch, Altar von Pellegrini mit Altargemälde *Besuch des hl. Petrus bei der hl. Agathe* von F. Zuccari (1597). - 7. Joch, Altar von Pellegrini. - 8. Joch, Altar von Pellegrini mit Marmorbild *Sacra Conversazione* aus dem Jahre 1393. Hier beginnt das Querschiff, in dessen Mitte sich die hohe Vierung erhebt.

Rechtes Querschiff - Rechter Arm: gleich rechts das *Grabmal für Gian Giacomo Medici*, "Medeghino" genannt (gest. 1555), Markgraf von Marignano und General unter Karl V., ein Meisterwerk von Leone Leoni (1560-63). Das Denkmal, in dessen Mitte in einer Nische die Statue des Verstorbenen in römischer Rüstung steht, ist mit Reliefs und Bronzestatuen geschmückt. Die Statue links stellt die *Miliz* dar und das darüberliegende Relief den Fluss *Adda*; rechts eine Statue der *Friedensgöttin* und darüber ein Relief des *Tessins*. Die Statuen auf den äusseren Säulen symbolisieren die *Klugheit* und den *Ruhm*. In der Apsis des Querhausmittelschiffes liegt die *Cappella di San Giovanni*

Bono, Bischof von Mailand. Die Kapelle entstand im 17. Jahrhundert. Die drei Fenster zeigen *Szenen aus dem Leben des Heiligen* von Giovanni Bertini. - Im linken Seitenschiff des rechten Querhausarmes befindet sich zwischen zwei kleinen Türen ein Durchgang zum Erzbischöflichen Palast, darüber ein herrliches Glasfenster mit *Darstellungen aus dem Leben der hl. Katharina von Alexandria* von Biagio und Giuseppe Arcimboldi (1556). - Der folgende Altar trägt ein Marmorbild, *Tempelgang Mariens*, von Bambaia (1543). Im Fenster *Szenen aus dem Leben des hl. Martin*. - Weiter vorn, auf einem Postament, die Statue des *geschundenen heiligen Bartholomäus* von Marco d'Agrate (1562), ein sehr bekanntes Werk, das jedoch wenig künstlerischen Wert hat. - Auf dem nächsten Altar ein Marmorbild mit dem *Martyrium der hl. Agnes*, ein Werk von C. Beretta.

Die Vierung (Tiburio) - Das Presbyterium erreicht man, indem man die herrliche achteckige Vierung (Höhe 68 m) durchquert, die sich auf vier hohen Spitzbögen erhebt. In den Bogenzwickeln Halbfiguren von *Kirchenlehrern* aus der lombardischen Schule; die *Propheten* und *Sibyllen* auf Konsolen, die im Innern der Arkaden kreisförmig aufgestellt sind (60 insgesamt), stammen aus dem 15. Jahrhundert.

Wo sich die Kreuzarme überschnei-

Der geschundene hl. Bartholomäus von Marco d'Agrate (rechtes Querschiff)

den, zeigt im Fußboden ein Bronzegitter die Stelle an, unter der sich das "Scurolo di San Carlo" befindet.

Presbyterium - Zehn, erst in den achtziger Jahren des 20. Jahrhunderts restaurierte Pfeiler, die durch eine Marmoreinfassung miteinander verbunden sind, umschließen den Altarraum, der von Pellegrini erhöht wurde, um Raum für die Krypta zu schaffen. An den Eingangspfeilern stehen zwei Kanzeln aus getriebenem Kupfer und Bronze, die von bronzenen Karyatiden gestützt werden. An der Kanzel links sind die *Symbole der Evangelisten* dargestellt, rechts die *Kirchenlehrer*, in der Brüstung beider Kanzeln sehen wir *Darstellungen aus dem Alten und Neuen Testament* (16.-17. Jh.). Im vorderen Teil des Presbyteriums, der den Senatorchor einnimmt, steht zu beiden Seiten je eine riesige Orgel aus dem 16. Jahrhundert. Dahinter führt eine Treppe zum *Sanktuarium*, in dem der Hochaltar steht. Seine schöne und reiche Dekoration verdeckt den ursprünglichen Altar, der von Martin V. im Jahre 1418 geweiht wurde. Darüber befindet sich, flankiert von zwei leuchtertragenden *Engeln*, das große Ciborium aus vergoldeter Bronze, das von acht kleinen Säulen getragen wird. Dieses kostbare Werk wurde von Andrea Pellizzone (1581-90) nach einem Entwurf von Pellegrini ausgeführt und enthält den von vier *Engeln* gestützten Tabernakel. Dieser ist mit Reliefs verziert, die *Episoden aus dem Leben Jesu* erzählen, und wird von kleinen Statuen gekrönt, die *Christus* und die *Apostel* darstellen, ein Werk der beiden Brüder Solari (1561). Der ganze Altarraum wird von einem wunderschönen, dreireihigen Chorgestühl aus Nuss-

baum umgeben, das von 1572 bis 1620 nach Zeichnungen von Pellegrini geschnitzt wurde. - Am Gewölbe, in Richtung zum Altar, wird unter einem kupfernen Schlussstein mit der Darstellung *Gottvaters* von Jacopino da Tradate der *heilige Nagel* aufbewahrt, den die hl. Helena der Legende nach Konstantin geschenkt haben soll und der später vom hl. Ambrosius bei einem Schmied wiederaufgefunden worden sei.

Krypta - Man betritt die Krypta an der Rückseite des Chors, vor den Sakristeien. Das Ganze ist ein Werk Pellegrinis, während die Stuckverzierungen der Gewölbe im 16. Jahrhundert hinzugefügt wurden. Von hier aus steigt man einige Stufen hinunter und betritt die unterirdische Kapelle, die **Scurolo di San Carlo** genannt wird. Die achteckige Kapelle wurde nach einem Entwurf von Richini (1606) gebaut. Sie ist reich mit Silber verkleidet, und die acht Reliefs an der Decke von Künstlern des 17. Jahrhunderts erzählen vom *Wirken des Heiligen*. Die sterbliche Hülle des hl. Karl im gemmenbesetzten Papstornat liegt in einer reich verzierten Urne aus Bergkristall, die Philipp IV. von Spanien stiftete. Die Treppe neben der Sakristeitür führt zum *Domschatz*, in dem zahlreiche Meisterwerke der Goldschmiede- und Elfenbeinkunst sowie Wandteppiche aufbewahrt werden.

Deambulatorium oder Peribolos (Chorumgang) - Das Deambulatorium umschließt das ganze Presbyterium, von dem es durch eine kostbare Marmoreinfassung (von Pellegrini) getrennt wird. Im oberen Teil verläuft eine Attika, in der Statuen mit Flachreliefs aus dem 17. Jahr-

Dom, Portal zur südlichen Sakristei, ein Werk von Hans von Fernach (um 1393)

Deutsche Hans von Fernach unter Mitarbeit von Porrino und Giovannino de' Grassi im 14. Jahrhundert schuf. Im Innern der Sakristei, über der Eingangstür, das *Martyrium der hl. Thekla* von Aurelio Luini (1592). Das Lavabo rechts mit einem Medaillon an der Spitze, das *Jesus und die Samariterin* zeigt, ist ein Werk von Giovannino de' Grassi (1396). Links in der Nische *Christus an der Säule* von Cristoforo Solari. In den großen Nussbaumschränken aus dem 17. Jahrhundert, die den unteren Teil der Wände bedecken, werden kostbare Gegenstände aufbewahrt, die zum Domschatz gehören, darunter das berühmte Prozessionsbild mit der sog. *Madonna dell'Idea*, das fälschlicherweise von Michelino da Besozzo signiert ist. - Nach der Sakristeitür, im 2. Joch, Reste eines alten Freskogemäldes aus dem 15. Jahrhundert, auf dem eine *Das Kind stillende Madonna* dargestellt ist, auch "Vergine

hundert abwechseln. Auf den Reliefs sind *Szenen aus dem Marienleben* dargestellt. Es folgt das wunderbar verzierte *Portal* der südlichen Sakristei, das der

Dom, Cripta di San Carlo

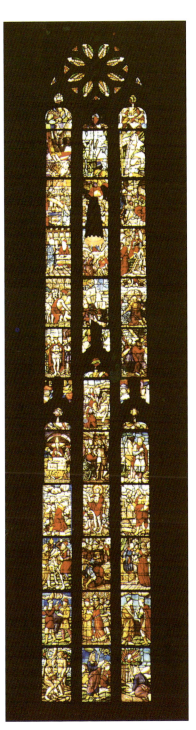
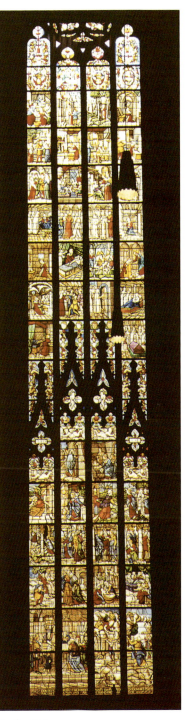

Dom, farbige Glasfenster

Dom, Blick auf die Terrassen, den Vierungsturm und die Fialen

dell'aiuto" (hilfreiche Jungfrau) genannt; darüber erhebt sich auf einer großen gotischen Konsole das Standbild *Martins V.* von Jacopino da Tradate (1424). Die darunter befindliche Grabplatte deckt die sterblichen Reste der beiden Heerführer Nicolò und Francesco Piccinino. Es folgt das *Grabmal für Kardinal Marino Caracciolo* (gest. 1538) von Bambaia. - 3. Joch, eingerahmte Marmorplatte, "Chrismon S. Ambrosii" genannt, und Relief aus dem Jahr 1389 von einem deutschen Künstler, das eine *Pietà* und zwei *Engel* darstellt. - 4. Joch, *Erinnerung an die Weihe* der Kirche durch den Erzbischof Carlo Borromeo am 20. September 1577. - Die Kompositionen der drei großen Apsisfenster zeigen Darstellungen aus dem *Alten und Neuen Testament* und aus der *Geheimen Offenbarung*. In den Fensternischen Statuen aus dem 14.-15. Jahrhundert. - 5. Joch, unter Glas ein *Kruzifix*, in Messgewänder gehüllt, aus dem 13. Jahrhundert. - 6. Joch, *Statue des Segnenden Pius IV.* von Angelo Marini (1567). Die

Fresken *Kruzifix zwischen der Jungfrau und Heiligen* sowie die *Madonna mit dem Kind und Johannes d. Täufer* sind beides Werke aus den ersten Jahrzehnten des 15. Jahrhunderts. - 7 Joch. Hier öffnet sich das wunderbare *Portal* der nördlichen Sakristei, ein Werk von Giacomo da Campione (14. Jh.); in der Sopraporte erscheint das Relief des *Segnenden Erlösers.* Das Gewölbe im Innern ist mit *Engelsfiguren* von Camillo Procaccini (1611) bemalt, während der Fußboden von Marco da Carona stammt (Anfang des 15. Jh); besonders sehenswret in der Nische die Statue des *Erlösers* vn Antonio da Viggiù.

Linkes Querschiff - Im rechten Seitenschiff stehen zwei Altäre mit Marmortafeln, die *Heilige Thekla unter den Löwen* von Carlo Beretta (1754) und *Kruzifix und Heilige* von Marcantonio Prestinari (1605). Das schöne Fenster zeigt *Darstellungen des hl. Johannes Damascenus* von Nicolò da Varallo (15. Jh.). Die kleine Tür der Rückwand führt zur sog. *"Fürstentreppe"* (Scala

Dom, Teilansicht mit Terrassen, Vierungsturm und Fialen

dei Principi), die den Zugang zum Dach bildet; früher war diese Treppe nur für wichtige Persönlichkeiten bestimmt. In der kleinen Apsis des Mittelschiffes befindet sich die *Cappella della Madonna dell'Albero* (Madonna mit dem Baum), ein Barockwerk von Richini; auf dem Altar *Madonna*

Der Trivulzio-Leuchter, dem französischen Goldschmied Nicolas de Verdun zugeschrieben (linkes Querschiff)

mit Kind von Elia Vicenzo Buzzi (1768). Ebenfalls im Mittelschiff, gegenüber dem Altar, steht der wunderbare, siebenarmige *Trivulzio-Leuchter.* Dieser berühmte, fünf Meter hohe Bronzeleuchter wurde von einem französischen Künstler des 13. Jahrhunderts gearbeitet und 1562 von einem gewissen Trivulzio dem Dom geschenkt. - Im linken Seitenschiff, Altar mit Statuen aus dem 15. und 16. Jahrhundert, darunter der *Hl. Hieronymus* und der *Hl. Augustinus* von Cristoforo Solari.

Linkes Seitenschiff - 8. Joch: Altar von Pellegrini, Gemälde von Barocci (1603). - 7. Joch: Über dem Altar *Vermählung der Jungfrau* von Enea Salmeggia (1600), zu beiden Seiten des Altares *Propheten*, Skulpturen von Samaini. - 6. Joch: Über dem Altar *Holzkruzifix*, das vom Hl. Karl während der Pest 1576 in einer Prozession getragen wurde. - 5. Joch: *Denkmal von Alessio Tarchetta*, Heerführer zur Zeit Francesco Sforzas. Das Werk ist eine Neuschöpfung aus dem Jahre 1832; einige Fragmente des Originals von Amadeo befinden sich im Museo del Castello. - 4. Joch: Kirchenfenster nach Entwürfen von Pellegrini mit der *Geschichte der vier gekrönten Heiligen*, die von Corrado de Mochis (1568) ausgeführt wurden. - 3. Joch: *Monument für die drei Erzbischöfe Arcimboldi*, ein Alessi zugeschriebenes Werk. - 2. Joch: zwei Platten aus rotem Veroneser Marmor mit Reliefs von acht *Aposteln*, eine Arbeit aus dem 12. Jahrh. Links zwischen den Säulen die *Taufkapelle* in Form einer Ädikula, die von Pellegrini entworfen wurde; das Becken besteht aus einer antiken Porphyrurne aus der Römerzeit. - 1. Joch: An der Wand unter dem Fenster eine

Sonnenuhr mit dem Zeichen des *Steinbocks*. Eine schmale Treppe in der Innenfassade führt zu den frühchristlichen Ausgrabungen, die sich etwa 4 Meter unter dem Platzniveau befinden.

Aufgang zu den Terrassen - Nachdem man das herrliche Gotteshaus sowohl von außen als auch von innen besichtigt hat, ist es unbedingt zu empfehlen, auch das Dach zu besteigen. Zwei Eingänge an der Außenseite des Domes bilden den Zugang zum Dach, das man über eine Treppe mit 158 Stufen oder mit dem Aufzug erreicht, der sich jeweils an den Ecken zwischen Querschiff und Apsis befindet. Für den Touristen ist es ein unvergessliches, neues Erlebnis, ganz anders als etwa der Aufstieg auf den Glockenturm von Giotto in Florenz, auf die Kuppel der Peterskirche im Vatikan oder auf den Turm des Palazzo Civico in Siena, die alle ein wunderbares Panorama auf die Stadt und die umliegenden Hügel bieten. Auf den Terrassen des Mailänder Domes wird sich der Besucher der Größe und Schönheit dieses herrlichen Bauwerkes bewusst, wo ihn die unmittelbare Berührung mit den mächtigen, behauenen Marmorblöcken fasziniert und er gleichsam untertaucht in einem Wald von Fialen und Türmchen mit unzähligen Statuen und den Giganten an den Wasserspeiern. Besonders eindrucksvoll wirkt auch der *Vierungsturm*, ein Meisterwerk der Steinmetzkunst von Amadeo (1490) auf dessen höchster Spitze die berühmte *Madonnina* schwebt. Die Statue aus vergoldetem Kupfer ist 4,16 m hoch und wurde nach einem Modell von G. Perego 1774 von dem Goldschmied Bini gegossen.

Dom, die Statue der Madonnina auf der höchsten Spitze, ein Werk von Giuseppe Bini (1774)

Palazzo Reale (Sitz des Dommuseums)

Palazzo Reale

Der Königspalast befindet sich auf dem viereckigen, kleinen Platz gegenüber der Südseite des Domes und besteht aus einer ausladenden klassizistischen Front und zwei Seitenflügeln. Der Palast ist sehr alt und hat im Laufe der Jahrhunderte unzählige historische Ereignisse erlebt. Im 12. Jahrhundert stand an dieser Stelle ein Gebäude, das **Broletto Vecchio** hieß und zur Zeit der Kommune Sitz der Konsuln war. Im Jahre 1310 wurde es Residenz der Visconti, und 1330 ließ Azzone es in einen prächtigen Palast verwandeln, wo die Herzöge Visconti Hof hielten. Im Jahre 1385 zogen die Visconti ins Castello, als der vordere Teil des Palastes bereits abgetragen war, um Platz für den Dombau zu schaffen. Im 16. und 17. Jahrhundert erfuhr der Palast einige Veränderungen und wurde dann Sitz der spanischen Statthalter, außerdem beherbergte er das erste Opernhaus Mailands. Von 1771-78, als die Stadt unter der Herrschaft Österreichs stand, gab der Erzherzog Ferdinand dem Architekten Giuseppe Piermarini den Auftrag, weitere Umbauten vorzunehmen; unter anderem wurde die Fassade abgerissen und die Anordnung der Säle den Ansprüchen der Zeit angepasst. Mit der Einigung Italiens wurde das Gebäude zum Palazzo Reale. Später richtete man hier ein Museum mit einer reichen Dokumentation

Ein Saal Im Dommuseum

des Mailänder Neoklassizismus ein. Durch die Luftangriffe 1943 wurde das Gebäude nahezu völlig zerstört. Im Palazzo Reale sind heute die Sammlungen des **Civico Museo d'Arte Contemporanea** untergebracht, das in den achtziger Jahren des 20. Jahrhunderts gegründet wurde. Das Museum zeigt Werke bekannter Künstler unserer Zeit, wie Modigliani, De Chirico, Sironi, Carrà, De Pisis, Morandi und Rosai.

Dommuseum

Das Museum nimmt mehrere Säle im Erdgeschoss des Palazzo Reale ein und ist sehr interessant, da es über die wichtigsten Daten der sechshundertjährigen Domgeschichte Auskunft gibt. Diese Dokumentation wird durch einzigartige Elemente der außergewöhnlichen bildnerischen und dekorativen Ausschmückung ergänzt, die für den herrlichen Bau kennzeichnend ist und den Einfluss der lombardischen Kultur seit dem 14. Jahrhundert erkennen lässt.

Dommuseum, Gian Galeazzo Visconti in der Gestalt des hl. Georg von Giorgio Solari (Saal II)

SAAL I - Grosse, in Kupfer getriebene und vergoldete Tafel mit der Darstellung *Gottvaters* von Beltramino da Rho (1416).

SAAL II (*Sala delle Origini*) - In der Mitte die *Statue* des als hl. Georg gekleideten *Gian Galeazzo Visconti*, ein Werk von Giorgio Solari (1404). An den Wänden drei Marmorfigürchen, zwei *Engel* und ein *Prophet*, ehemals an der Fiale Carelli angebracht, Arbeiten burgundischer Prägung des ausgehenden 14. Jahrhunderts. *Kopf des Erlösers* und *Hl. Agnes* von Briosco; *Madonna mit Kind*, mehrfarbige Holzstatue von Bernardo da Venezia.

SAAL III (*Sala Viscontea*) - Ehemaliger Marstall des Königspalastes mit rechteckigem Grundriss; hier haben verschiedene Fundstücke der Visconti-Epoche aus der rheinisch-böhmischen und der lombardischen Schule Aufbewahrung gefunden. Man beachte den *Apostel Petrus*, den *Evangelisten Johannes* und den Gipsabdruck des *Grabmals für Papst Martin V*, für das Dominnere geschaffen von Jacopino da Tradate (1421), ferner mehrere *Propheten* und *Heilige*.

SAAL IV (*Sala della Cappella Musicale*) - Ausstellung von Notenblättern polyphonischer Musik des 15. Jahrhunderts.

SAAL V (Sala del Tiburio) - Grafische Dokumentation zur Errichtung des Vierungsturmes und der dort befindlichen Kunstwerken: bemerkenswert der Jacobello delle Masegne (14. Jh.) zugeschriebene *Apostel Petrus*.

SAAL VI (*Sala dell'Epoca Sforzesca*) - Eine in Ziegelstein gemauerte Nische in der Mitte des Saales birgt die Statue des *Galeazzo Maria Sforza*, ein einzigartiges Beispiel lombardischer Bildhauerkunst, flankiert von zwei *Schildtragenden Kriegern*, der Schule des Mantegazza zuzuordnen, gemeinsam mit dem *Engel*, der die Dornenkrone hält.

Dommuseum, Kopf des Erlösers, ein Werk aus Kupfer und Gold, 15. Jahrhundert (Saal II)

An den Wänden Schilde der Sforza. SAAL VII (*Sala degli Sbalzi*) - Bemerkenswertes *Kruzifix* von Ariberto (1040) in getriebenem Kupfer und Messing; *Madonna mit Kind und zwei Engeln*, rheinische Schule des 14. Jh.; außerdem Osterkerze, lombardische Schule des Quattrocento.

SAAL VIII (*Sala dell'epoca Sforzesca*) - Großer Saal mit Skulpturen der Schule von Pavia und Mailand: beachtenswert der *Hl. Eremit Paulus* (1470), die *Hl. Lucia* und die *Hl. Agnes*, Briosco (1491) zugeschrieben. In der Mitte ein flämischer Wandteppich mit der *Kreuzabnahme*.

SAAL IX (*Sala del Gugliotto dell'Amadeo*) - Fotodokumentation über den sog. "*Torrino*" (Türmchen) von Giovanni Antonio Amadeo (1517); daneben die *Tugenden* und die *Hl. Barbara* (16. Jh.) sowie ein flämischer Wandteppich mit *Antependium der Passion*.

SAAL X (*Sala dei Borromei*) - Künstlerische Zeugnisse von Carlo und Federigo Borromeo: *Antependium des hl. Karl* und *Wunder der Gebärenden* von Cerano (1610).

SAAL XI (*Sala degli Arazzi*) - An der Wand vier Gobelins einer Serie, die der Herzog von Mantua dem hl. Karl Borromäus zum Geschenk gemacht hat und in denen folgende Szenen dargestellt sind: *Moses empfängt die Gesetzestafeln, Zug durch das Rote Meer, Moses und die eherne Schlange, Spielende Putten*. Ferner ein Jugendwerk von Tintoretto, *Christus diskutiert mit den Schriftgelehrten im Tempel* und ein *Holzkruzifix* venezianischer Schule des 17. Jahrhunderts.

SAAL XII (*Sala dei Modelli*) - Die hier aufbewahrten Werke aus der Zeit von 1550 bis 1700 verdeutlichen die unterschiedlichen Techniken der Bildhauerkunst: *Hl. Helena* und die *Gottesmutter* von Marini (1565); das *Opfer des Elias und die Opferung Isaaks* von Vismara (17. Jahrh.); *Hl. Gapithus* und *Hl. Ambrosius* von M. Prestinari (1610) und *Flucht nach Ägypten* von Biffi, sowie andere Werke.

SAAL XIII (*Sala della Madonnina*) - Terrakottamodelle der berühmten *"Madonnina"*, die 1774 auf der höchsten Spitze des Domes aufgestellt wurde, daneben ein Detail des *Kopfes* aus Holz (1771) von Giuseppe Perego. Von der gleichen Hand stammen der *Heilige Krieger* und *Herkules tötet den Löwen*, sowie Terrakottastudien von verschiedenen Künstlern.

SAAL XIV (*Sala dell'Ottocento*) - Der Saal enthält verschiedene Zeugnisse aus der Zeit der Restaurierung und Vervollständigung der Fassade, der Fialen und der Kirchenfenster. Bemerkenswert der *Prophet Beseleel* von Martegani (1867) und die *Hl. Katharina von Alexandria* von Buzzi.

SAAL XV (*Galleria dei Grafici*) - Hier werden in didaktischer Form die Hauptphasen der Erbauung des Domes vom Beginn bis in unsere Tage erläutert, einschließlich der fünf Entwurfvorschläge für die Fassade.

SAAL XVI (*Sala del Modellone*) - In der Mitte des Raumes ein grosses Holzmodell des Domes, das um 1520 begonnen wurde, mit dem 1888 von dem Architekten Giuseppe Brentano erstellten Fassadenentwurf, der aus dem 1886 ausgeschriebenen internationalen Wettbewerb als Sieger hervorgegangen war. Gegenüber ein weiteres Holzmodell für die Fassade, ebenfalls aus dem Jahre 1888, das von Luca Beltrami entworfen und von Gaetano Moretti geschnitzt wurde. Links ein Holzmodell für die Fassade in einem gotisierenden Barockstil, nach einem Entwurf von Castelli aus dem Jahr 1656. Rechts ein weiterer Entwurf von Galliori aus dem Jahr 1786. An der Rückseite des Saales das Modell des ehemaligen Glockenturms und Reproduktionen von Zeichnungen in Bezug auf den Dombau.

SAAL XVII (*Sala delle Porte Bronzee*) - Mehrere Bildhauerarbeiten, die sich auf die fünf Portale der Fassade beziehen. Besonders zu beachten die *Bergpredigt*, fünfzehn vergoldete Bozzetti von Francesco Messina (1977).

SAAL XVIII und XIX (*Sala del Restauro Statico e Conservativo*) - Interessante Dokumentation der Restaurierungsarbeiten und des Überlebens der alten Strukturen unter dem Gesichtspunkt der modernen Technologie.

SAAL XX (*Sala dei Paramenti*) - Zugang durch Saal XII. Der Raum enthält eine bedeutende Sammlung mit Messgewändern und liturgischen Geräten, die aus der Sakristei des Domkapitels stammen. Man beachte einen *Kasel* aus Gold und Silber (1805), der während der Krönung Napoleons benutzt worden ist, sowie verschiedene Pluviale und Antependien.

Kirche San Gottardo in Corte

Die Entstehung dieser Kirche, die in den Palazzo Reale einbezogen ist (Eingang in der Via Pecorari), geht auf die erste Hälfte des 14. Jahrhunderts zurück. Azzone Visconti ließ sie als herzogliche Hofkapelle errichten; den Auftrag dafür übergab er wahrscheinlich Francesco Pecorari aus Cremona. Von dem ursprünglich gotischen Gebäude zeugen am Außenbau noch das Eingangsportal, die Apsis mit den Spitzbogenfenstern und einer kleinen Loggia im oberen Teil sowie der Glockenturm, ein eleganter, harmonischer Bau von Francesco Pecorari. Der untere Teil des Glockenturms hat einen viereckigen Grundriss, der sich etwas höher in ein Achteck verwandelt, wobei die Ecken mit

San Gottardo in Corte, Glockenturm

kleinen Steinsäulen versehen sind. Der Turm hat fünf Geschosse, von denen die ersten mit Einbogenfenstern ausgestattet sind. Im vierten Geschoss erscheinen Zwillingsfenster und im fünften Geschoss Zwergbögen. Darüber erhebt sich eine reizende Galerie mit kleinen Säulen. **Das Innere**, das völlig umgebaut und dem klassizistischen Geschmack angegli-

chen wurde, bewahrt ein Freskofragment, auf dem die *Kreuzigung* dargestellt ist. Dieses Fresko, das sich ehemals an der Außenwand befand, wurde um die Mitte des 14. Jahrhunderts von einem Schüler Giottos gemalt; ferner enthält die Kirche ein Gemälde von Cerano, *Der hl. Karl in der Glorie* und das *Grabmal des Azzone Visconti* von Giovanni di Balduccio.

Galleria Vittorio Emanuele II

Diese Galerie verbindet den Domplatz mit der Piazza della Scala. Der Bau wurde 1865 von Giuseppe Mengoni begonnen, der hier fast am Ende der Arbeiten den Tod fand, indem er von einem Gerüst stürzte. Die Galerie wurde 1877 fertiggestellt. Man nennt sie den *"Salon"* Mailands (die Galerie ist immer sehr belebt, auf beiden Seiten liegen Luxuscafés, elegante Geschäfte und große Buchhandlungen). Sie hat die Form eines Kreuzes, dessen Hauptarm 196 m lang und Querarm 105 m lang sind. Die Kuppel aus Stahl und Glas überragt den Bau in 47 m Höhe. Im darunter liegenden Achteck erscheinen in den grossen Bogenfeldern vier Mosaiken, die *Europa, Afrika, Asien* und *Amerika* darstellen; an der Kopfseite die *Landwirtschaft*, die *Kunst*, die *Wissenschaft* und die *Industrie*.

Galleria Vittorio Emanuele II, Innenansicht

Piazza della Scala

In der Mitte das *Denkmal für Leonardo da Vinci* von Pietro Magni (1872). An den Ecken der Säulenbasis stellen vier Statuen die Mailänder Schüler Leonardos dar: *Marco d'Oggiono, G. Antonio Boltraffio, Andrea Salaina* und *Cesare da Sesto*. In den Flachreliefs Szenen aus dem künstlerischen Schaffen Leonardos. Auf dem Platz stehen links das Teatro alla Scala und rechts der **Palazzo Marino**, der seit 1860 Sitz

Galleria Vittorio Emanuele II, Außenansicht

**Piazza della Scala, Denkmal für
Leonardo da Vinci von Pietro Magni**

des Rathauses ist. Das herrliche Gebäude, das noch heute eine würdige Zierde Mailands ist, wurde 1553 von Galeazzo Alessi im Auftrag des Genueser Kaufmanns Tommaso Marino begonnen. Der Künstler starb jedoch vor Beendigung seines Werkes. Der Palast wurde später mit Hilfe der Stadt von Luca Beltrami (1886-92) zu Ende geführt; er vollendete die Fassade zur Piazza della Scala und baute den großen Treppenaufgang im Innern, der zu den oberen Stockwerken führt. Die ursprüngliche Fassade dieses vornehmen Palastes weist auf den rückwärtigen Platz S. Fedele. Außer dem wunderschönen Innenhof mit einem aus Doppelsäulen bestehenden Portikus, der reich mit Statuen und Reliefs verziert ist, sowie einer Loggia, ist im Innern der **Saal von Alessi** interessant, der mit Stuckornamenten und Gemälden von Ottavio Semini geschmückt ist.

Piazza della Scala, Palazzo Marino

Das Teatro alla Scala

Die "Scala" wurde im Jahre 1778 von Giuseppe Piermarini erbaut, und zwar auf dem Gelände der ehemaligen Kirche S. Maria della Scala aus dem Jahre 1381 (gegründet von Beatrice Regina della Scala, der Gemahlin von Bernabò Visconti). Dieses Theater ist das berühmteste Opernhaus der Welt. Es bietet hervorragende Aufführungen, und seine Bühne ist gewissermassen der Prüfstein für Sänger und Musiker, höchstes Ziel aller Künstler der Opernwelt. Der Außenbau ist ziemlich schlicht. Vor der Fassade in klassizistischem Stil liegt eine kleine Vorhalle mit Portikus, darüber ein Fronton mit einem Flachrelief, das *Apollos Sonnenwagen* (1778) darstellt.

Inneres - In der inneren Eingangshalle stehen Statuen von *Rossini, Bellini,*

Teatro della Scala, Theaterraum

Verdi, Donizetti sowie eine Büste von *Stendhal.* Der **Theaterraum** in Hufeisenform mit vier Logenrängen und zwei Galerien ist in prunkvollem, klassizistischem Stil ausgestattet, nachdem das Theater nach den schweren Bombenangriffen 1943 in seiner alten Form wiederaufgebaut worden war. Das Theater fasst 2800 Zuschauer.

In dem mit Arkaden versehenen Palast links von der Scala befindet sich das **Theatermuseum,** das eine wertvolle Sammlung mit Gegenständen aus der

Das Teatro della Scala auf dem gleichnamigen Platz

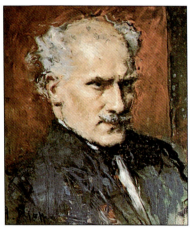

Theatermuseum, Porträts von Giuseppe Verdi, Arturo Toscanini und Giacomo Puccini

Theaterkunst vom klassischen Altertum bis heute enthält. Von besonderem Interesse ist die *Verdi-Sammlung*, die in zwei Sälen eine reiche Dokumentation mit Bildmaterial vom Leben und Schaffen des Meisters, sowie handgeschriebene Partituren seiner Kompositionen umfasst. Die Theaterbibliothek enthält unter anderem die Privatsammlungen von Renato Simoni und Ruggero Ruggeri und bildet eine der vollständigsten Sammlungen ihrer Art auf der Welt. Sie umfasst etwa 80.000 Bände mit der italienischen und ausländischen Produktion, sowie Werke zur Kunstkritik und Theatergeschichte.

Kirche San Fedele

Die Kirche steht auf dem gleichnamigen Platz, auf dessen Mitte sich das *Denkmal für Alessandro Manzoni* erhebt, ein Werk von Francesco Barzaghi (1883). Der Bau dieser Kirche wurde im Jahre 1569 von Pellegrini auf Wunsch des hl. Karl Borromäus begonnen, später von Martino Bassi und Richini fortgeführt und im 19. Jahrhundert vollendet. Die Fassade ist in ihrer Architektur und Dekoration typisch für das 16. Jahrhundert. Nach den schweren Bombenschäden im letzten Krieg wurde sie in der Folgezeit restauriert. Das Relief oben mit der *Himmelfahrt Mariae* ist ein Werk Montis. Alessandro Manzoni liebte diese Kirche besonders.

Das Innere - Der einschiffige Kirchenraum teilt sich in zwei Joche, die von Wandsäulen gestützt werden. Die Kirche enthält schöne Gemälde, von denen u.a. sehenswert sind: am ersten

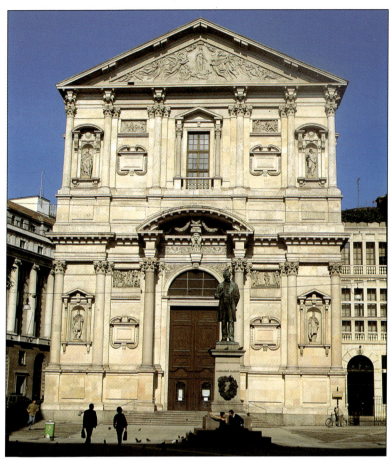

Kirche San Fedele, Fassade

Altar rechts der *hl. Ignatius in der Glorie* von Cerano; am zweiten Altar, mit einer eigenartigen Anordnung der von Engelfiguren getragenen Säulen, *vier Heilige* von Bernardino Campi; am ersten Altar links *Kreuzabnahme* von Simone Peterzano. Die wunderschönen, geschnitzten *Beichtstühle* aus dem 16. Jahrhundert sind ein Werk der Taurini, während das mit Intarsien geschmückte Chorgestühl in der Apsis, das aus der abgetragenen Kirche S. Maria della Scala stammt, Anselmo Del Conte (16. Jh.) zugeschrieben wird.

Die *Sakristei*, deren Eingang hinter dem zweiten Altar rechts liegt, gilt wegen ihrer geschnitzten Schränke als die schönste Sakristei Mailands.

An der Rückseite der Kirche S. Fedele beginnt die Via Omenoni, eine schmale Straße, die ihren Namen von den charakteristischen *Karyatiden* am unteren Fassadenteil des kleinen Palastes **Casa degli Omenoni** (Haus Nr. 3) herleitet. Dieses wunderschöne, herrschaftliche Haus wurde in der zweiten Hälfte des 16. Jahrhunderts von dem Bildhauer Leone Leoni als sein Wohn-

Casa degli Omenoni, Fassadendetail

Manzoni-Haus

haus erbaut. Die Via Omenoni führt zu einem charakteristischen, in sich geschlossenen kleinen Platz, der Piazza Belgioioso. Rechts der imposante klassizistische *Palazzo Belgioioso*, den Giuseppe Piermarini (1772-81) im Auftrag des Fürsten Alberico II. Belgioioso errichtete. Auf der gegenüberliegenden Seite befindet sich der *Palazzo Besana* aus dem Jahre 1815, während das kleine Backstein-Palais an der Ecke der Via Morone das **Haus von Alessandro Manzoni** ist, wo der Dichter

von 1814 bis zu seinem Tode am 22. Mai 1873 lebte. Heute befindet sich hier der Sitz des *Centro Nazionale di Studi Manzoniani* sowie das *Manzoni-Museum*. Das Museum enthält außer dem Arbeitszimmer mit Möbeln und Büchern und dem Schlafzimmer, in dem der Dichter starb, eine Sammlung von Erinnerungsstücken, Porträts und Büchern. Die Via Morone mündet in die Via Alessandro Manzoni, wo sich gleich rechts in einem vornehmen Palast (Haus Nr. 12) der Eingang des Poldi-Pezzoli-Museums befindet.

Das Poldi-Pezzoli-Museum

Das Museum enthält eine bedeutende Kunstsammlung, die der Adlige Gian Giacomo Poldi-Pezzoli, ein passionierter Sammler und Kunstkenner des vorigen Jahrhunderts, in seinem Hause zusammentrug. Die zahlrei-

Palazzo Belgioioso

chen Kunstwerke geben noch heute Zeugnis von der Begeisterung dieses Privatsammlers. Vor seinem Tode (1879) überließ er laut Testamentsbestimmung die wertvolle Sammlung bzw. Kunststiftung der Stadt Mailand zur allgemeinen Nutznießung.

Das Innere - Das Erdgeschoss umfasst außer der Eingangshalle, in der ein *Porträt Gian Giacomo Poldi-Pezzolis* von Francesco Hayez ausgestellt ist, eine Waffenkammer mit einer wertvollen Sammlung von Feuerwaffen, Hellebarden, Schwertern, Dolchen, Rüstungen, usw. Ferner befindet sich im Erdgeschoss der **Salone dell'Affresco** mit einem herrlichen *Delfter Gobelin* (1602), auf dem Reiterszenen dargestellt sind, der *Kapuze eines Pluviales* nach einem Entwurf von Sandro Botticelli, mit *Altarhüllen* aus dem 15. Jahrhundert und wunderbaren venezianischen Spiegeln. Es folgt die **Sala dell' Archeologia e dei Tappeti** mit Fragmenten *koptischer Gewebe*, einem *Teppich aus Täbriz* (um 1560), Vasen, Bronze- und

Silbergegenständen, Schmuck und Waffen aus dem Bronze-und Eisenzeitalter. Wenn man zum Eingang zurückgeht, erreicht man die malerische **Ehrentreppe**, an deren Fußende ein barocker *Marmorbrunnen* von Petiti steht; an den Wänden große *Landschaften* von Alessandro Magnasco und Skulpturen des 17. Jahrhunderts. - Im Obersgeschoss, im Vestibül, *Büste des Grafen Meipperg* von Canova und die *Büste der Rosa Poldi-Pezzoli* von Lorenzo Bartolini; aus der Reihe der Gemälde eine *Allegorie* von Giulio Campi. Von hier aus gelangt man in die drei **Salette dei Lombardi**, in denen Werke lombardischer Meister der Renaissance zu sehen sind. Von besonderer Bedeutung: *Madonna mit dem Kind*, ein Meisterwerk von Vincenzo Foppa, dem auch das Porträt von *Francesco Brivio* zugeschrieben wird; *Madonna, das Kind stillend* und *Ruhe auf der Flucht nach Ägypten* von Andrea Solario, von dem noch zwei weitere Werke ausgestellt sind; *Madonna mit dem Kind, das eine Blume pflückt*, ein Meisterwerk von Giovanni Antonio Boltraf-

Sitz des Museo Poldi-Pezzoli in der Via A. Manzoni

Museo Poldi-Pezzoli, Bildnis einer jungen Frau, früher A. del Pollaiolo zugeschrieben (Salone Dorato)

fio; die *Mystische Vermählung der hl. Katharina* von Bernardino Luini, von dem man auch noch andere Werke hier bewundern kann; *Madonna mit Kind und Heiligen* von Gaudenzio Ferrari. Neben anderen Gemälden eine wertvolle farbige Holzplastik aus dem 16. Jahrhundert, die *Vermählung der Jungfrau.* - Man kehrt in die Vorhalle zurück und betritt die **Sala degli Stranieri** mit *Landschaften* und *Genrebildern* von Jan Bruegel d. Älteren und vier kleinen Holzgemälden von Lucas Cranach d.Ä.: *Porträts von Martin Luther und Kate von Bora, Johannes der Täufer* und die *Unbefleckte Empfängnis.* - Es folgt die **Sala degli Stucchi** im Stil des 18. Jahrhunderts; kleine Porzellanfigur aus Sachsen, die *August den Starken* darstellt; in der Vitrine wertvolle Porzellane aus Sachsen, Wien, Capodimonte und Sèvres. - Im **Salone Dorato** werden die kostbarsten und berühmtesten Werke des Museums aufbewahrt. Auf dem Boden

ein weltberühmter *Perserteppich* mit Jagdszenen, datiert 1523. Von den zahlreichen Gemälden seien folgende erwähnt: *Madonna mit dem Kind* und *Pietà*, zwei Werke von Sandro Botticelli; *Hl. Nikolaus von Tolentino* von Piero della Francesca; *Bildnis einer jungen Frau*, das früher Antonio Pollaiolo zugeschrieben wurde, heute aber eher für ein Werk seines Bruders Piero gehalten wird; *Graue Lagune* von Francesco Guardi. Ausserdem Werke von Bartolomeo Montagna, Antonio Vivarini sowie eine sehenswerte Bronzebüste des *Bischofs Ulpiano Volpi* von Gian Lorenzo Bernini. Am Ende, in der **Sala del Romanelli**, deren Bezeichnung von dem Antwerpener Gobelin herrührt, der nach Kartons von G. Francesco Romanelli ausgeführt wurde, weitere Gemälde von Maratta, Bernardo Cavallino und anderen Künstlern, sowie ein toskanisches Holzkruzifix aus dem 14. Jahrhundert. - Vom Salone Dorato aus betritt man die **Sala Nera**; in der Mitte ein Tisch mit Marmorintarsiaplatte aus der Florentiner Schule (17. Jh.). In der Ecke eine berühmte Plastik von Lorenzo Bartolini, *Gottvertrauen*. Von den zahlreichen Gemälden sind besonders erwähnenswert: *Triptychon* von Mariotto Albertinelli; *Der Glaube* von Bergognone, *Porträt des Kardinals Carlo de' Medici* von Sustermans. In der anschließenden **Sala dei Vetri di Murano** ist in zwei großen Vitrinen eine außergewöhnliche Glassammlung ausgestellt, darunter Arbeiten von Glasbläsermeistern aus Murano aus dem 15. und 19. Jahrhundert. Aus der Reihe der Gemälde: *Verkündigung* von Francesco Pesellino; *Madonna mit Kind und Heiligen* von Sodoma; verschiedene Miniaturen von florentinischen, märkischen und umbrischen Künstlern (15. Jh.) und zwei farbige Holzreliefs aus Tirol (16. Jh.). - Die beiden Türen führen in die **Saletta di Dante**, die im neugotischen Floralstil des ausgehenden 19. Jahrhunderts dekoriert ist. In den Vitrinen Keramiken aus Wedgwood und aus dem Orient sowie Silberarbeiten. Im Mittelfenster eine *Dante*-Darstellung von Giuseppe Bertini. Auf dem Rückweg durch die Sala Nera erreicht man die **Sala dell'Arazzo**, die ihren Namen von dem Wandteppich erhalten hat, der hier aufbewahrt wird und eine *Reiterschlacht* darstellt. Auch in diesem Saal sind wertvolle Gemälde zu sehen, etwa *Der hl. Karl empfängt die Oblaten* von Alessandro Magnasco; *Porträt* von Giuseppe Ribera; *Tod des hl. Hieronymus, Josue bringt die Sonne zum Stillstand* und *Kraft und Weisheit*, drei Werke von G. Battista Tiepolo, sowie weitere Gemälde von Bernardo Strozzi, Francesco Morazzone, Francesco Guardi, Palma il Vecchio und Luca Giordano. - Es folgt das **Gabinetto degli Ori** mit einer sehr kostbaren Sammlung von Juwelen, Diademen, Brillanten, Goldschmiedearbeiten, Schatullen aus Gold und Silber usw. - In der **Sala del Ghislandi**, auch Fra' Galgario genannt, befindet sich eines seiner Hauptwerke, der *Herr mit dem Dreispitz*. Die anderen Gemälde sind von Frances-

co Zuccarelli, Domenico Feti, Rosalba Carriera, Francesco Guardi, Bernardo Bellotto und anderen Künstlern. - In der **Sala del Perugino** befindet sich die *Madonna mit Engeln* von Perugino, neben Werken venezianischer, emilianischer, toskanischer und umbrischer Künstler. *Madonna mit Kind, Engel und Heilige* von Pietro Lorenzetti; der *Hl. Maurelius* von Cosmè Tura; *Samson und Delila* von Francesco Morone; *Kreuzigung* von Giovanni Bellini; *Pietà* von Filippo Lippi; der *Hl. Hieronymus* von Antoniazzo Romano; außerdem Werke von Bartolomeo di Giovanni, Carlo Crivelli, Francesco Bonsignori. - In der **Saletta dei Veneti** befindet sich eines der Meisterwerke von Cima da Conegliano, der *Triumph von Bacchus und Ariadne*, vom gleichen Künstler ist auch der *Kopf einer Heiligen*. Weitere venezianische Maler der Renaissance: die *Heilige Familie mit dem Johannesknaben* und *Hl. Katharina*, zwei Werke von Lorenzo Lotto; *Verkündigung* von Marco Palmezzano; *Besuch des Arztes* von Bonifazio de' Pitati sowie andere Maler aus der Schule Carpaccios und Mantegnas. - Auf der Terrasse eine Marmorgruppe von Lorenzo Bartolini mit der Darstellung *Pyrrhus stürzt Astyanax in Gegenwart von Andromache von einem hohen Turm*.

Museo Poldi-Pezzoli, Madonna mit Kind von Cristoforo Moretti

Die Via Manzoni ist eine der wichtigsten und belebtesten Straßen von Mailand. Palastartige Gebäude im Stil des 19. Jahrhunderts reihen sich aneinander, in denen Luxushotels, Banken, Versicherungsgesellschaften und schöne Geschäfte untergebracht sind. Haus Nr. 11 ist der **Palazzo Bigli** aus dem 16. Jahrhundert; das Portal ist an den Ecken mit zwei Medaillons geschmückt, die Reliefs mit einer *Verkündigung* aufweisen. Nachdem man rechts die Via Montenapoleone überquert hat, trifft man auf die Fassade der **Kirche S. Francesco da Paola**, aus dem 18. Jahrhundert; die Straße setzt sich fort und schließt am Ende mit den **Torbögen der Porta Nuova** ab. Die beiden Durchgänge aus schwarzem und weißem Marmor gehörten zu dem Befestigungsring, der im Jahre 1156 zur Verteidigung gegen Barbarossa errichtet wurde. An der Außenfassade befindet sich eine Marmornische mit der *Madonna und dem Knaben zwischen den Heiligen Ambrosius, Gervasius und Protasius*, ein Werk im Stil des Giovanni di Balduccio; Azzone Visconti ließ die Gruppe im 14. Jahrhundert hier anbringen. An der Innenseite dagegen befinden sich in den Nischen Büsten, Stelen und Grabsteine. Hier kehrt man um und biegt in die Via **Montenapoleone** ein, die vornehmste Straße Mailands, an der ebenfalls elegante Bauten des 19. Jahrhunderts sowie einige klassizistische Paläste liegen, und die von Luxusgeschäften, vor allem Antiquitätenhandlungen gesäumt wird. Nach Überquerung mehrerer Straßen, die in den Stadtteil des 19. Jahrhunderts führen, erreicht man die vierte Straße links, die Via S. Andrea, wo sich bei Nr. 6 der *Palazzo Morando Attendolo Bolognini* aus dem 18. Jahrhundert befindet. Hier sind das 1963 eröffnete **Civico Museo di Storia Contemporanea** (Museum für Moderne Geschichte), das 1935 gegründete **Museo di Milano** und das **Museo di Arte Marinara "U. Mursia"** untergebracht. Die Via Montenapoleone endet an der Kreuzung des Corso Matteotti

Torbögen der Porta Nuova

Via Montenapoleone

rechts und der äußerst belebten Piazza S. Babila links, wo mehrere wichtige Verkehrsadern münden. Rund um den Platz stehen moderne Hochhäuser mit Lauben, und am Ende des Platzes erhebt sich die *Löwensäule*, die im Jahre 1626 hier aufgestellt wurde; rechts die Basilika *S. Babila* aus dem 11. Jahrhundert, die jedoch mehrmals umgebaut wurde. Aus einer Inschrift im Kircheninnern geht hervor, dass hier am 8. August 1785 Alessandro Manzoni getauft wurde. Man biegt dann in den Corso Vittorio Emanuele ein, der nach den Bombenschäden des letzten Krieges fast völlig neu gebaut wurde. Unter den Lauben dieser belebten Straße, die an der Nordseite des Domplatzes ausläuft, liegen elegante Geschäfte jeder Art und Cafés. Am Ende der Portiken kommt man in die Via Mercanti; auf der rechten Seite sieht man die Front des **Palazzo dei Giureconsulti**, der 1562 nach einem Entwurf von Vincenzo Seregni auf Wunsch von Papst

Basilika San Babila

Pius IV. errichtet wurde. Der Fassadenentwurf stammt von Galeazzo Alessi. Das erhöht stehende Gebäude ist mit einem Portikus mit Doppelsäulen, reichverzierten Fenstern und einem Turm aus dem Jahr 1272 ausgestattet. Der *Hl. Ambrosius* von Luigi Scorzini (1833) am Sockel wurde anstelle der früheren Statue Philipps II. aufgestellt, den man während

Palazzo della Ragione oder Broletto Nuovo

Palazzo dei Giureconsulti

der französischen Revolution in einen Brutus verwandelt hatte. Auf der gegenüberliegenden Seite erhebt sich der **Palazzo della Ragione** oder **Broletto Nuovo**, das bedeutendste Bauwerk aus der Zeit der Kommune und der Mailänder Romanik. Das Gebäude stammt aus dem Jahre 1233. Das erhöhte Erdge-

Piazza Mercanti

Loggia degli Osii

schoss ruht ausschließlich auf freistehenden Pfeilern und Bögen. Im ersten Geschoss erscheinen Dreibogenfenster; im Jahre 1771 wurde das zweite Geschoss hinzugefügt. An der zum Platz weisenden Seite befindet sich in einer Nische ein romanisches Hochrelief, das den ersten Bürgermeiser von Mailand, *Oldrado da Tresseno, zu Pferd* darstellt, ein Werk von Benedetto Antelami das von der Stadt 1233 hier aufgestellt wurde. Die malerische **Piazza Mercanti** war früher ein geschlossener, viereckiger Platz und bildete im Mittelalter das wahre Herz der Stadt. Noch heute stehen hier bedeutende Monumente. Gegenüber dem Palazzo della Ragione erhebt sich der **Palazzo delle Scuole Palatine**, der im Jahre 1546

von Carlo Buzzi erbaut wurde und in dem sich architektonische Motive des Palazzo dei Giureconsulti widerspiegeln. Die Statue über dem Bogen stellt den *Dichter Ausonius* (gest. 394) dar, der einst Mailand besungen hat. Auf der linken Seite des Palazzo liegt die **Loggia degli Osii**, die Matteo Visconti 1316 durch Scoto da S. Gimignano erbauen ließ. Der vollständig aus weißem und schwarzem Marmor verwirklichte Bau besteht aus zwei übereinanderliegenden Loggien. Der obere Teil gliedert sich in anmutige Dreibogennischen, in denen neun Statuen, die *Jungfrau Maria* und *Heilige,* aus dem 14. Jahrhundert aufgestellt wurden. Längs der Brüstung der oberen Loggia sind Wappen der Visconti und der Stadtviertel Mailands angebracht.

Castello Sforzesco

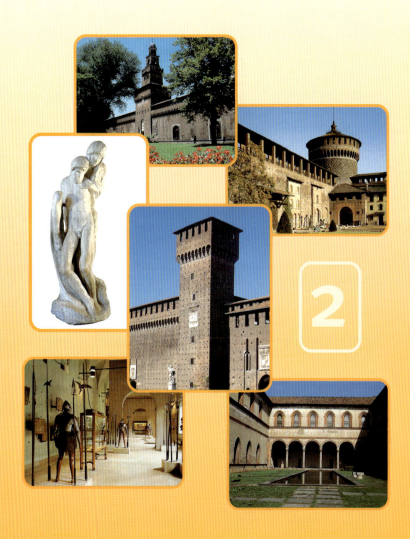

An der Nordecke des Domplatzes, wo die nördlichen Arkaden enden, biegt man in die Via dei Mercanti ein, auf der rechts der Palazzo dei Giureconsulti und links der Palazzo della Ragione stehen (diese beiden historischen Paläste werden an anderer Stelle in diesem Führer behandelt). Diese Straße mündet in die Piazza Cordusio, wo sich in der Mitte das *Bronzedenkmal für Giuseppe Parini* von Luigi Secchi (1899) erhebt. Man überquert den Platz und geht die geradlinige Via Dante entlang, eine der verkehrsreichsten Straßen der Stadt mit hohen Gebäuden. Im Hintergrund erblickt man den Turm des Castello. Die Straße endet auf dem "Cairoli"-Platz, in dessen Mitte ein *Denkmal für Giuseppe Garibaldi* von Ettore Ximenes (1895) steht. Von beiden Seiten des Platzes gehen breite Alleen aus, die einen Halbkreis um das Castello Sforzesco beschreiben und "Foro Bonaparte" heißen. An der Rückseite des Denkmals führt die kurze Via Beltrami auf den großartigen, parkähnlichen Platz vor dem Kastell.

Das Castello Sforzesco

Die Entstehung dieses gewaltigen Bauwerkes - zweifellos das bedeutendste städtische Monument aus der Renaissancezeit - geht auf das 14. Jahrhundert zurück. Damals ließ Galeazzo II. Visconti eine Burg zum Schutz der Stadt errichten, die den Namen *Castello di Porta Giovia trug,* da sie in der Nähe der Porta Giovia lag. Dieses Stadttor gehörte zu dem römischen Mauerring, der zum Teil in den Festungsbau einbezogen war. Später wurde das Kastell von den Nachfolgern Gian Galeazzo und Giovanni Maria erweitert. Filippo Maria ließ es dann von Filippo Brunelleschi umbauen und verschönern, um es zur ständigen Residenz der Visconti-Dynastie zu machen. Nach dem Tode des Herzogs Filippo Maria (1447), als die ambrosianische Republik die Stadtherrschaft übernahm, wurde die Burg zer-

Largo Cairoli, Denkmal für Giuseppe Garibaldi von Ettore Ximenes

48

Castello Sforzesco, Luftaufnahme

stört und geplündert. Im Jahre 1450 stürzte der Söldnerführer Francesco Sforza die Republik, bemächtigte sich der Burg und begann mit dem Wiederaufbau. Seine Absicht war es, eine Festung zur eigenen Verteidigung zu schaffen, die später das Aussehen einer herrschaftlichen Residenz annahm. Anfangs wurden die Arbeiten Giovanni da Milano anvertraut. Diesem Baumeister schloss sich Filippo Scorzioli an, und im Jahre 1451 übernahm Jacopo da Cortona die Leitung der Bauarbeiten. 1452 beauftragte der Fürst den Florentiner Architekten Filarete mit dem Bau und der Dekoration des mittleren Fassadenturmes, der jedoch erst zwei Jahre später begonnen wurde, als die Arbeiten bereits unter der Leitung von Bartolomeo Gadio aus Cremona weitergeführt wurden. Nach dem Tode von Francesco Sforza (1466) setzte sein Sohn und Nachfolger Galeazzo Maria den Ausbau fort, indem er die Bauleitung für das Innere wiederum einem florentinischen Architekten, Benedetto Ferrini, anvertraute. Dieser schuf die Loggia, die große Ehrentreppe, den Elefantenportikus, die Kapelle und die Rückseite der Rocchetta. Die Ausschmückung übernahmen Maler aus dem Herzogtum. Unter der Regentschaft von Bona di Savoia baute man den Turm, der den Namen dieses Fürsten trägt (1476). Später, mit der Machtübernahme von Ludovico il Moro (1494), dem vierten Sohn von Francesco Sforza, wurde das Kastell eine der prunkvollsten Residenzen, an deren Ausgestaltung Bramante, der große Leonardo und zahlreiche andere Künstler mitarbeiteten. Nach dem Sturz von Ludovico il Moro (1499) wurde der prächtige Palast von französischen Truppen besetzt, die der Marschall Gian Giacomo Trivulzio befehligte. Von diesem Augenblick an begann der Verfall des herrlichen Kastells. Im Jahre 1521 verursachte eine Explosion

Castello Sforzesco, Teilansicht des Außenbaus

in der Pulverkammer die Zerstörung des mittleren Turmes von Filarete. Unter der spanischen Herrschaft (16.-17. Jh.) erfuhr das Kastell weitere Veränderungen. Man schuf Anbauten und machte aus der Burg eine Militärfestung. Karl V. ließ ein neues Bollwerk errichten, das eine Verbindung zur neuen Stadtmauer herstellte. Ende des 16. Jahrhunderts wurde die Burg von sechs Bollwerken umgeben. Zu Beginn des folgenden Jahrhunderts befestigte

Eingang zum Castello Sforzesco

man den Graben und die überdeckte Straße am äußeren Rand, und später baute man sechs freistehende Vorwerke hinzu, bis sich die Spanier im Jahre

Castello Sforzesco, Statue des hl. Ambrosius am Turm des Filarete

1707 dem General Königseck ergaben. 1733 eroberte Carlo Emanuele III. von Savoyen an der Spitze der franco-sardinischen Truppen die Festung. 1746 geriet sie erneut für kurze Zeit unter spanische Herrschaft. 1796 wurde sie von den Franzosen und 1799 von Suworow erobert. Nach dem Abzug der Österreicher im Jahre 1800 ließ Napoleon die spanischen Anbauten abreißen und legte das ursprüngliche Castello Sforzesco frei. 1814 kamen die Österreicher zurück, und während der *fünftägigen Märzrevolution* von 1848 schloss sich Radetzky mit dem Generalstab und seinen Truppen im Kastell ein und ließ von dort aus die Stadt beschießen und die Ecktürme schleifen. Mit der Befreiung der Lombardei wurde die Burg zur Kaserne degradiert, und im Jahre 1880 beschloss man, das Kastell völlig abzureißen. In den folgenden Jahren konn-

Castello Sforzesco, Turm des Filarete

te dank des Protestes der Mailänder und auf Betreiben der *Società Storica Lombarda* die Zerstörung verhindert werden, so dass im Jahre 1893 der Architekt Luca Beltrami mit den Restaurierungsarbeiten beginnen konnte. Er hatte bereits einen Entwurf erstellt, der in den drei großen Komplexen des historischen Gebäudes - *Piazza d'Armi, Rocchetta* und *Corte Ducale* - die Unterbringung der *Civici Istituti d'Arte e di Storia* vorsah. Nach

Castello Sforzesco, Teilansicht des Vorhofes Piazza d'Armi

weiteren Schäden, die das Castello Sforzesco im letzten Krieg davontrug, wurde es dann wiederhergestellt und zum Museum bestimmt.

Der Aussenbau - In der Mitte der zur Stadt weisenden Fassade erhebt sich der sog. *Turm von Filarete* (auch *Uhrturm* genannt). Er ist 70 m hoch und wurde zu Beginn des 20. Jahrhunderts von dem Architekten Luca Beltrami in seiner ursprünglichen Form wiederaufgebaut, nachdem er im Jahre 1521 zer-

Castello Sforzesco, Vorhof Piazza d'Armi

stört worden war. Der viereckige Turm mit zwei verschachtelten Überhöhungen gipfelt in einer kleinen Kuppel. Über dem Eingangstor ein Flachrelief von Luigi Secchi, das den *König Umberto I. zu Pferd* darstellt (1916). Etwas höher, unter dem ersten Zinnenkranz, der *Hl. Ambrosius* zwischen den Wappen der sechs Herzöge aus dem Hause der Sforza. In den soliden Ziegelsteinmauern öffnen sich sechs große Zwillingsfenster, die mit reichverzierten Backsteingesimsen dekoriert sind, während der obere Teil mit Zinnenkränzen und Schießscharten versehen ist. An den Enden der Mauern stehen zwei *Rundtürme* aus Rustika-Mauerwerk; die 31 m hohen Türme sind ebenfalls mit Zinnenkränzen ausgestattet und tragen das große Marmorwappen mit der *Schlange*, die das Geschlecht der Visconti und Sforza symbolisiert. Die Seiten und die rückwärtige Front haben die gleichen Merkmale wie die Fassade, und erst auf der Höhe der Rocchetta und der Corte Ducale liegen zwei Reihen mit großen gotischen Fenstern, die von Backsteingesimsen eingefasst werden. Die beiden hinteren Ecktürme, von denen der linke *Torre Castellana* oder *Torre del Tesoro* heißt und der rechte *Torre Falconiera*, sind viereckig und haben große Fenster. In der Mitte der zum Park gerichteten Fassade öffnet sich die große *Porta del Barco*. An der linken

Castello Sforzesco, Hof vor dem Corte Ducale

Seite, in der Nähe der *Porta di S. Spirito*, sieht man malerische restaurierte Ruinen eines Vorwerkes. Rechts befinden sich die *Porta dei Carmini* mit einer Zugbrücke und dahinter die kleine Brücke *Ponticella di Ludovico il Moro*; sie überquert den Graben und führt zu einer reizenden kleinen Loggia, die Bramante zugeschrieben wird.

Das Innere - Durch das große Tor unter dem Turm von Filarete betritt man die **Piazza d'Armi**, einen herrlichen, malerischen Hof, der jetzt als Garten angelegt ist. Früher diente er jedoch als Exerzierplatz für die Truppen der Sforza. Die innere Turmfassade trägt einen Balkon mit dreigeteiltem Fenster. Der Hof wird von drei Baukörpern eingerahmt, vor denen ein *toter Graben* liegt: Links die **Rocchetta**, ein befestigter Bau, in den sich die Sforza im Augenblick der Gefahr zurückzogen. Fast in der Mitte die **Torre di Bona di Savoia**; den 36 m hohen Turm ließ die Witwe von Galeazzo Maria Sforza im Jahre 1477 errichten. Rechts der **Corte Ducale**, der Herzogspalast, Residenz der Sfor-

za in ruhigen und friedlichen Zeiten. Die einsame Statue vor dem Graben stellt den *hl. Johannes von Nepomuk* dar und wurde im Jahre 1729 aufgestellt. Auf beiden Seiten des großen Platzes liegen zwei Tore mit Zugbrücke, die den äußeren Graben überqueren: rechts die *Porta dei Carmini* (längs der Mauer befinden sich Baureste aus verschiedenen Epochen); links die *Porta Santo Spirito*.

Corte Ducale - Man betritt den Palast durch ein Tor mit einem großen Sforza-Wappen, das an der Stelle der antiken Porta Giovia liegt und in eine Vorhalle führt, wo Skulpturen und Reste verschiedener, mailändischer Gebäude aufbewahrt werden. An der Wand ist noch ein *Kruzifix zwischen Heiligen* zu erkennen, ein Fresko eines unbekannten, lombardischen Malers (1470-80). Das Gemälde zeigt auch den Stifter Ambrosino da Longhignana, der damals Kastellan unter Galeazzo Maria Sforza und Bona di Savoia war. Von der Vorhalle aus erreicht man den wundervollen **Hof** des Herzogspalastes, der auf drei Seiten von einem einstöckigen Gebäude mit zwei Reihen Spitzbogenfenstern eingerahmt wird. Das Erdgeschoss wird durch einen Portikus im Renaissancestil aufgelockert, der auch *Elefantenportikus* genannt wird (wegen der Darstellung eines Dickhäuters an der Wand). Der Säulengang ist ein Werk Benedetto Ferrinis (1473), von dem auch die anmutige, zweistöckige Loggia am Anfang des linken Flügels stammt. Diese sog. *Loggia di Galeazzo Maria* befindet sich über dem Vorraum der Freitreppe.

Die Kunstmuseen - Der Eingang liegt am rechten Flügel des Hofes. Die nach modernen Gesichtspunkten eingerichtete Ausstellung im Rahmen der ehemaligen Burgräume umfasst Sammlungen von Skulpturen, Gemälden, Möbeln und Gobelins, Musikinstrumenten, Goldschmiedearbeiten, Elfenbeinschnitzereien, Gläsern, Keramiken usw. Im Erdgeschoss befindet sich das **Museo di Scultura,** in dem vornehmlich die lombardische Bildhauerei vertreten ist; die Ausstellung beginnt jedoch mit einigen Werken aus dem spätrömischen Kaiserreich und der byzantinischen Kunst. Im Obergeschoss ist eine *Sammlung von Möbeln* zusammengestellt, die von spätgotischen Truhen (Cassoni) des 15. Jahrhunderts bis zu den lackierten, venezianischen "Trumeaux" des 18. Jahrhunderts reicht. Die **Pinakothek**, die hauptsächlich lombardische Werke umfasst, enthält zahlreiche Gemälde von bedeutenden Künstlern aus den verschiedensten Epochen. In den Sälen der Rocchetta sind *Keramiken* und *Goldschmiedearbeiten* sowie Gegenstände aus *Bronze, Elfenbein, Schmiedeeisen* und *Glas* zu sehen. Außerdem befindet sich hier das **Museum für antike Musikinstrumente**, das einzige in seiner Art in ganz Europa. Von den Werken und Gegenständen in den 32 Sälen sind in der folgenden Beschreibung nur die wichtigsten aufgeführt.

SAAL I - (Frühchristliche und vorromanische Kunst) - Hinter dem Eingang, und bevor man das Museum betritt, sieht man die sog. *Pusterla dei Fabbri*, einen Rest der visconteischen Mauer des 14. Jahrhunderts. Hier befinden sich Fragmente von Mosaikfußböden, Grabfresken, verschiedene Gebäudereste, Kapitelle, Sarkophage und Skulpturen aus der Zeit vom 4. bis 9. Jahrhundert. Besonders interessant: Fragmente eines *frühchristlichen Sarkophags* mit männlichen und weiblichen Figuren aus dem 4. Jh.; Grabfresko, ein mit *Edelsteinen besetztes Kreuz und Hirsche*, aus der Kirche S. Giovanni in Conca (6. Jh.); Marmorkopf, möglicherweise von der Kaiserin *Theodora* aus dem 6. Jh.; Fragment eines *Kopfes* (11. Jh.) aus dem Baptisterium San Giovanni in Florenz.

SAAL II - (Romanische Kunst und Meister aus Campione) Dieser Saal wird vom *Grabdenkmal und Reiterstandbild des Bernabò Visconti* beherrscht, das aus der Kirche San Giovanni in Conca stammt. Das Reiterstandbild ist ein Werk von Bonino da Campione (1370-80). An den Wänden Reliefs und Gebäudereste aus dem 12. Jahrhundert; *Holzkruzifix* (13. Jh.); Relief eines *Segnenden Christus; Sarkophag des Giovanni da Fagnano;* Vorderseite des *Sarkophags von Vieri da Bassignana* aus dem 14. Jahrhundert; *Grabdenkmal von Regina della Scala*, der Gemahlin des Bernabò Visconti (14. Jh.). In den Lünetten und an der Rückwand verschiedene Wappen von spanischen Statthaltern.

SAAL III - Das Fresko am Gewölbe mit der Darstellung der *Auferstehung* ist das Werk eines unbekannten lombardischen Meisters aus dem 15. Jahrhundert. Die Gewölbekappen sind mit herzoglichen Wappen geschmückt. An den Wänden: Statue von *Jakobus dem Älteren*, 14. Jh.; Front des *Sarkophags von Bruder Mirano di Bachaloe* von einem Künstler aus Campione; Statuen der *Madonna mit dem Kind* und des *Hl. Ambrosius*, die früher die Tabernakel an der Porta Comacina schmückten, sowie *Madonna mit den Heiligen Babylas, Ambrosius, Benedikt und Dionysius*, die zur Dekoration der Porta Orientale gehörte, beides

**Castello Sforzesco, Grabmonument für Bernabò Visconti
von Bonino da Campione (Kunstmuseen - Saal II)**

Castello Sforzesco, Stadtbanner (Kunstmuseen - Saal VII)

Werke aus der Schule von Giovanni di Balduccio da Pisa. *Grabplatte für Bianca von Savoyen* aus dem 15. Jahrhundert und *Grabplatte für Antonello Arcimboldi* (1438). Interessant in der Mitte des Saales eine Fenstermandel mit der Darstellung des *Erlösers* und der *Himmelfahrt Mariens*, das Werk eines florentinischen Meisters aus dem 14. Jahrhundert.

S AAL IV - Am Gewölbe das große Wappen Philipps II. von Spanien und seiner Gemahlin Maria Tudor (1555). An den Wänden: *Madonna* aus dem 14. Jh.; Steinplatte mit *Pietà*, Meister aus Campione; Fragmente und Gebäudereste von der Fassade der Kirche S. Maria di Brera von Giovanni di Balduccio da Pisa aus dem 14. Jh.; *Tabernakel*, burgundischer Meister; *Grabdenkmal der Familie Rusca*, lombardischer Meister des 14. Jahrhunderts. Das Freskogemälde *Verkündigung* (14. Jh.) an der linken Wand stammt aus der Kirche San Giovanni in Conca.

SAAL V - Hier steht eine *Madonna ohne Kopf*, eine kleine Statue von Giovanni Pisano aus dem 14. Jh. Außerdem der *Judaskuss*, ein englisches Alabasterrelief aus dem 14. Jh.. Ferner venezianische Bildhauerkunst aus dem 15. Jahrhundert und auf dem Fußboden *Grabplatte für Giovanni Lanfranchi* aus dem 14. Jahrhundert.

SAAL VI - Dieser Saal enthält historische Erinnerungen an Mailand, darunter Flachreliefs, auf denen die *Rückkehr der Mailänder in ihre Stadt nach der Vertreibung Barbarossas* sowie die *Vertreibung der Arianer durch den hl. Ambrosius* dargestellt sind. Diese Reliefs von Anselmo und Gherardo da Campione (1171) schmückten ehemals die zerstörte Porta Romana.

SAAL VII - An den Wänden Gobelins aus Mantova und aus der flämischen Schule des 17. Jahrhunderts; in der Mitte des Saales das prächtige *Banner der Stadt* aus dem Jahre 1566, ein Werk von Giuseppe Meda. Die in Seide, Gold und Silber gestickten und zum Teil gemalten Figuren auf beiden Seiten stellen *Episoden aus dem Leben des hl. Ambrosius* sowie verschiedene Stadtwappen dar. Ferner sind hier Skulpturen aus der Renaissance zu sehen, darunter ein *Adam* von Stoldo Lorenzi, eine Marmorbüste des *Ottavio Farnese* sowie Büsten von *römischen Kaisern*.

SAAL VIII - Dieser Saal heißt "*Sala delle Assi*", da zur Zeit Galeazzo Maria Sforzas der untere Teil der Wände mit Holz getäfelt war. Die eigentliche Bedeutung dieses Saales besteht jedoch in der *Ausschmückung* von Leonardo aus dem Jahre

1498. Die Gemälde ringsum an den Wänden täuschen einen Laubengang mit Bäumen vor, deren dichte Zweige sich in der Mitte des Gewölbes verschlingen, wo das Wappen von Ludovico il Moro abgebildet ist. Im Jahre 1902 stellte der Maler Enrico Rusca das Fresko nach den spärlichen Spuren, die unter dem Putz zum Vorschein kamen, wieder völlig her. Die kleine Tür an der rechten Wand führt zur *Ponticella di Ludovico il Moro* von Bramante.

SAAL IX - Dieser Saal wird auch *Saletta Negra* genannt; hierher pflegte sich Ludovico il Moro nach dem Tode seiner Gemahlin Beatrice d'Este oft zur Meditation zurückzuziehen. Es wird auch behauptet, daß dieser kleine Saal ursprünglich von Leonardo ausgeschmückt worden sei. In den Lünetten an den Wänden Medaillons mit *Porträts der Sforza* von Bernardino Luini; außerdem Skulpturen aus dem 16. Jahrhundert von Bambaia, die das Grab der Familie Birago in der Kirche San Francesco Grande schmückten.

SAAL X - In diesem kleinen Saal setzt sich die *Porträtreihe der Sforza* von Luini fort; ferner sind hier lombardische und toskanische Skulpturen des 16. Jahrhunderts zu sehen.

SAAL XI - Dieser Saal heißt *Sala dei Ducali* aufgrund der hier ausgestellten Wappen der Sforza-Dynastie. Die auf blauem Grund gemalten Wappen am Gewölbe tragen die Initialen von Galeazzo Maria Sforza. Zur Zeit des Herzogtums war dies der Audienzsaal. Von den Skulpturen ist eine Steinplatte mit *allegorischen Szenen* von Agostino di Duccio erwähnenswert, die aus der Kapelle der Familie Malatesta aus Rimini stammt. Ausserdem zwei Nischen mit *Engeln* von Michelino da Firenze (15. Jh.).

SAAL XII - Dies ist die herzogliche Kapelle, die von 1466-76 von Stefano de' Fedeli und seinen Mitarbeitern im Auftrag von Galeazzo Maria Sforza ausgeschmückt wurde. Am Gewölbe *Auferstehung*, in den Lünetten *Verkündigung* und Wappen; an den Wänden *Heilige*. In der Mitte Statue einer *Maria in der Anbetung*, auch *Madonna del Coazzone* genannt, ein Werk, das Pietro Solari zugeschrieben wird. Ferner eine *Madonna mit Kind* auf von Engeln getragener Konsole, gotische Kunst des 15. Jahrhunderts; *Musizierender Engel* im Stile Amadeos.

SAAL XIII - Die sog. *Sala delle Colombine* leitet ihren Namen von der Freskendekoration her: auf rotem Grund erscheinen goldene Rundbilder (Tondi) mit Täubchen, die Bona di Savoia malen ließ. Verschiedene lombardische Skulpturen, darunter *Engel und Einsiedler* von Cristoforo Mantegazza, und *Engel* von Amadeo.

Interessant die beiden Portale des 15. Jahrhunderts, die zwischen diesem und dem nächsten Saal liegen.

SAAL XIV - Die *Sala Verde* heißt so, da sie ursprünglich vollständig grün ausgemalt war. Hier befinden sich Renaissancetüren, von denen das herrliche *Marmorportal des Banco Mediceo*, ein Werk des Florentiners Michelozzo (1455), besonders interessant ist. Ferner das *Orsini-Rona-Portal* aus dem 16. Jh; das *Bentivoglio-Portal* aus dem 16. Jahrhundert; *Kapitelle vom Figini-Portikus* (15. Jh.), die vom Domplatz stammen. In der Vitrine langobardische und Renaissancewaffen sowie italienische und deutsche *Rüstungen* aus dem 16. Jahrhundert.

SAAL XV - Die sog. *Sala degli Scarlioni* hat ihren Namen von den strahlenförmigen roten Streifen an den Wänden, von denen noch zum Teil Spuren der ursprünglichen Farbe zu sehen sind. Dieser Saal diente ehemals als Sitzungssaal des Geheimen Rates und als Audienzsaal. Der Raum

Castello Sforzesco, Waffensaal

zerfällt in zwei Teile: im ersten Abschnitt befindet sich die *Liegefigur von Gaston de Foix*, ein Werk von Bambaia, an dem der Künstler zusammen mit seinem Bruder bis zum Jahre 1525 arbeitete, sowie das große *Grabdenkmal für Bischof Bagaroto* von Andrea Fusina (1519). Im zweiten Raumabschnitt führt eine breite Treppe zu einer Nische, in der die berühmte *Pietà Rondanini* von Michelangelo steht, das letzte, unvollendete Werk des großen Meisters.

Eine kleine Tür an der Rückwand führt von diesem Saal aus auf einen hölzernen Wehrgang, der den *kleinen Brunnenhof* durchquert. Hier steht eine Marmorreproduktion des antiken Brünnleins der Sforza, dessen Original sich im Dom von Bellinzona befindet. Rechts führt die sog. *Pferdetreppe* ins obere Stockwerk. In den ersten vier Sälen ist die Möbelsammlung mit Skulpturen, Gobelins und Gemälden zu sehen.

SAAL XVI - In diesem oberen, *grünen Saal* wurden zur Zeit der Herzöge die großen Festlichkeiten abgehalten. Der Saal ist in vier Teile geteilt, die nicht miteinander in Verbindung stehen. Die drei nachfolgenden Raumabschnitte erreicht man nur von den dahinterliegenden Sälen aus. Im ersten Raum ist eine *Intarsiatruhe mit Türmen* aus dem 15. Jahrhundert besonders interessant. Unter den Wandgemälden ist eine *Kreuzigung* erwähnenswert.

SAAL XVII - Ausser den Möbelstücken enthält dieser Saal bedeutende Freskenzyklen aus der lombardischen Schule: *Allegorien* aus dem 15.-16. Jahrhundert und *Szenen aus dem Leben Jesu* (16. Jh.). Bemerkenswert in der Mitte der wiederhergestellte Freskenzyklus mit *Darstellungen aus dem Leben Griseldis* aus dem Kastell Roccabianca, ein Werk, das Niccolò da Varallo zugeschrieben wird. - Von hier aus

Castello Sforzesco, Pietà Rondanini von Michelangelo (Kunstmuseen - Saal XV)

Castello Sforzesco, eine Szene aus dem Leben Griseldis, Nicolò da Varallo zugeschrieben (Kunstmuseen - Saal XVII)

betritt man die beiden Raumabschnitte des XVI. Saales. Hier sind Truhen, Betten, Kommoden, Schränke und Schreine ausgestellt, und auf einem grossen, toskanischen Tisch des 16. Jahrhunderts befindet sich ein in Bronze gegossenes, zieliertes *Becken,* eine kostbare Arbeit von Leone Leoni. An den Wänden Gobelins aus den Werkstätten von Antwerpen und Brüssel (17. Jh.).

SAAL XVIII - (Möbel des 17. Jahrhunderts) Der wertvollste Einrichtungsgegenstand ist der berühmte *Passalacqua-Schrein* aus dem Jahr 1613, ein wunderschönes Werk, das mit kostbaren Elfenbein- und Bronzearbeiten und Malereien von Morazzone verziert ist. - Von hier aus erreicht man den letzten Raumabschnitt des XVI. Saales, wo venezianische Möbel des 18. Jahrhunderts und zwei Sänften zu sehen sind, von denen

eine, mit reicher Verzierung, aus Neapel stammt. An den Wänden Gemälde, darunter *Zug des kaiserlichen Gesandten Clerici,* ein Werk des Florentiners Antonio Cioci (1759) und *Porträt einer Dame,* das Alessandro Longhi zugeschrieben wird. Kronleuchter aus Muranoglas.

SAAL XIX - In diesem Saal stehen Möbel aus dem 18. Jahrhundert verschiedener Herkunft. Von besonderem Interesse eine piemontesische Kommode mit "*Rocaille*" - Dekoration, oben eine Wiener Uhr; vier lombardische Sessel mit Gobelinbezug und mit Bronze verzierte Kommode, darüber Marmorgruppe *Äneas, Anchises und Ascanius.*

SAAL XX - In der *Sala Dorata* (Goldener Saal) sowie in den sechs folgenden Sälen ist die Pinakothek untergebracht. Unter den Werken verschiedener Schulen des 14.-15. Jahrhunderts sind besonders

Castello Sforzesco, Sessel (Möbelsammlung im Obergeschoss)

interessant: *Madonna mit Kind zwischen Heiligen und Engeln* von Filippino Lippi; *Madonna mit Kind* von Giovanni Bellini, dem auch der *Lorbeerbekränzte Poet* zugeschrieben wird. Das große Temperagemälde in der Mitte des Saales, *Madonna in der Glorie mit Heiligen*, ist von Andrea Mantegna (1497).

Saal XXI - Dieser Saal ist den lombardischen Meistern des 15.-16. Jahrhunderts gewidmet. Bergognone ist hier mit vier schönen Gemälden vertreten: *Pietà, Almosen des hl. Benedikt, Hl. Hieronymus* und der *Hl. Rochus*. Von Foppa sind: *Zwei heilige Bischöfe*, der berühmte *Hl. Sebastian*, die *Madonna mit dem Buch*, die *Madonna Tri-*

vulzio, der *Hl. Franziskus* und der *Täufer*. Außerdem eine *Madonna* von Bernardino Luini; *Bildnis einer Frau* von Boltraffio; der *Hl. Michael* von Sodoma sowie Werke von Romanino, Moretto, Bramantino, De Predis und anderen.

SAAL XXII - In diesem kleinen Durchgangsraum sind kleinformatige Werke des Manierismus ausgestellt.

SAAL XXIII - Der Saal enthält lombardische Gemälde, die aus der Gerichtskapelle stammen. Es handelt sich um Arbeiten von Salmeggia, Nuvolone, Figino u.a.; interessant das *Pfingstwunder* von Morazzone.

SAAL XXIV - Der Saal ist den Manieristen Oberitaliens gewidmet. Bemerkenswert sind das *Martyrium des hl. Sebastian* von A. Campi (1575) und mehrere Gemälde des Procaccini. Das Portal mit Wappen und Medaillons gehörte einst zum Haus der Lucia Marliani, das ihr 1494 von Galeazzo Maria Sforza geschenkt worden war.

SAAL XXV - In diesem Raum, der Region Lombardei gewidmet, werden turnusmäßig Werke aus dem Museumsbesitz vorgestellt, die sich normalerweise im Depot befinden. Die nach unterschiedlichen Konzepten arrangierten Ausstellungen ermöglichen es dem Besucher, hin und wieder sehr erlesene Kunstwerke zu bewundern.

SAAL XXVI - Gemälde des 17. und 18. Jahrhunderts, die Werke der lombardischen Schule bilden einen gesonderten Bereich. Hervorzuheben sind der *Erzengel Michael* des Cerano; das *Fasten des hl. Karl Borromäus* von Danilo Crespi; zwei Szenen mit *Sturm* von Magnasco; das *Bildnis eines Jünglings* von Fra Galgario; *Ekstase des hl. Franziskus* von Francesco del Cairo; *Sturm auf dem Meer* von Guardi.

Durch eine kleine Tür am Ende des großen Saales und über eine kleine Brücke, die den oberen Teil des Turmes "Bona di Savoia" durchquert, erreicht man die Säle des oberen Stockwerkes der Rocchetta, in denen Keramiken, Goldschmiede- und Elfenbeinarbeiten usw. zu sehen sind. Nach den Sälen XXVII und XXVIII (im letzteren sind *Schmiedeeisenarbeiten* ausgestellt) kommt man in die weitläufige **Keramikausstellung**, die drei Säle einnimmt. Im ersten Saal (XXIX) befinden sich Zierkeramiken und Figuren sowie Sgraffito-Keramiken. - Im zweiten Saal (XXX) mit zwei Abteilungen sind auch die Giovanni di Balduccio da Pisa zugeschriebenen Statuen sehenswert, sowie die Porträts von Persönlichkeiten der Familien Visconti und Sforza. Bemerkenswert in den Vitrinen die chinesischen Keramiken, Keramiken aus Faenza (15.-16. Jh.), aus Urbino, Savona und Albisola, aus Angarano, Castelli d'Abruzzo sowie aus Mailand und Lodi. Im dritten Saal (XXXI) sind italienische und ausländische Keramiken des 18.-19. Jahrhunderts zu sehen, ferner Keramiken aus Venedig, Doccia, Capodimonte, Meißen, Wien und Sèvres.

SAAL XXXII ist den Goldschmiedearbeiten sowie Elfenbein- und Bronzegegenständen gewidmet. Unter den Goldschmiedearbeiten ist eine gotische *Monstranz* aus dem Jahre 1456 beachtenswert; *Darstellungen aus der Leidensgeschichte* (16. Jh.) und zwei wunderschöne, kostbare *Karavellen*. Unter den Elfenbeinarbeiten befinden sich die berühmten kleinen Tafeln mit den *Marien am Grabe*, romanische Kunst des 5. Jahrhunderts sowie das Diptychon des *Konsuls Magnus*, byzantinische Kunst des 6. Jahrhunderts. Von Bedeutung sind auch die kostbaren Gläser aus Murano und wertvolle Bronzegegenstände.

Die Säle des Untergeschosses rund um

Castello Sforzesco, Vitrinen in einem Saal des Museums für Antike Musikinstrumente

den Hof der Rocchetta enthalten hellenistische und koptische Stoffe aus dem 2.-8. Jahrhundert, Messgewänder, Trachten usw. Ferner ist hier das **Museum für antike Musikinstrumente** untergebracht, das 1958 gegründet und 1963 eingerichtet wurde. Die Sammlung umfasst 641 Exponate und ist einmalig in Europa. Streich- und Zupfinstrumente, Tast- und Blasinstrumente sind so ausgestellt, dass der Besucher die Geschichte der Instrumente durch etwa fünf Jahrhunderte verfolgen kann: vom 15. Jahrh. bis zur modernen Zeit. Alle Instrumente sind hochinteressant, zum Teil von bekannten Meistern wie Gasparo da Salò, Guarnieri, Bartolomeo Cristofori, und haben hohen, künstlerischen Wert. - Im gleichen Stockwerk, in der Sala della Bella (der Saal ist normalerweise geschlossen, da er für Empfänge oder Zeremonien reserviert ist) werden zwölf Gobelins mit den *Monatsallegorien* aufbewahrt, die der Marschall Trivulzio im Jahre 1503 nach einem Entwurf von Bramantino von der herzoglichen Gobelinweberei in Vigevano ausführen ließ.

Der Hof der Rocchetta - Eine große, strenglinige Freitreppe führt hinunter in den Hof. Die Rocchetta ist gewissermassen eine Festung innerhalb einer Festung, die auf drei Seiten von Säulengängen umgeben ist. Der rechte Portikus wurde von dem Florentiner Benedetto Ferini

Castello Sforzesco, Hof der Rocchetta

(1466-76) im Auftrag von Gian Galeazzo Maria erbaut, der gegenüberliegende ist von Filarete, und der linke Portikus wurde auf Wunsch von Ludovico il Moro im Jahre 1495 von Bernardino da Corte begonnen und von Bramante fertiggestellt. Vom Hof aus erreicht man durch einen kleinen Gang die **Schatzkammer**, in der früher der herzogliche Schatz aufbewahrt wurde. Hier sind Fresken aus der lombardischen Schule zu sehen, sowie ein Fresko von Bramante mit der Darstellung des *Argus*. Seine hundert Augen bewachen die Tür, die in einen kleinen Raum führt, wo einst die kostbarsten Kleinode des Herzogs aufbewahrt wurden. Zum Museumsbestand des Castello Sforzesco gehören außerdem zwei Abteilungen der **Civiche**

Blick vom Parco Sempione zum Castello Sforzesco

Basrelief mit männlichem Profil aus der Spätzeit (Ägyptisches Museum Hof der Rocchetta)

Denkmal für Napoleon III. im Parco Sempione

Raccolte Archeologiche e Numismatiche, die über die Prähistorie und die Geschichte Ägyptens sowie über den Gebrauch der Münzen vom 6. Jahrhundert bis in unsere Zeit Auskunft geben. Man verlässt das Castello durch die *Porta del Barco*. Jenseits des Grabens erstreckt sich der **Parco Sempione**, ein 47 Hektar großer englischer Garten mit malerischen Baumgruppen, Rasenflächen und Blumenbeeten. Im Hintergrund sieht man den *Arco della Pace*. Biegt man nach rechts in die Via Gadio ein, kommt man zunächst zum **Städtischen Aquarium**; dahinter, am Ende des Parkes, liegt die ellipsenförmige, neuklassische Anlage der **Arena** bzw. des **Städtischen Stadions**, das von

Luigi Canonica erbaut und 1807 in Anwesenheit von Napoleon eröffnet wurde. In der Arena, die heute Sportveranstaltungen dient, fanden früher Pferde- und Wagenrennen statt. Auf dem Parkgelände befindet sich auch der **Palazzo dell'Arte**, der vor kurzem wieder seiner Bestimmung als Austellungsort übergeben wurde. In dem Gebäude ist die *Galleria della Triennale* untergebracht, die von der Architektin Gae Aulenti um die Mitte der neunziger Jahre unseres Jahrhunderts neu gestaltet wurde. Auf dem Hügel *Monte Tondo* erhebt sich ein *Denkmal für Napoleon III.*, ein beachtenswertes Werk von Francesco Barzaghi (1881). Am Ende des Parks liegt der große Piazzale Sempione.

Totenmaske aus Stuck mit Augen aus Glaspaste, römische Epoche (Ägyptisches Museum - Hof der Rocchetta)

Arco della Pace (Friedensbogen)

Arco della Pace

Der Friedensbogen ist eines der bezeichnendsten Monumente von Mailand. Das klassizistische Werk von Luigi Cagnola sollte zur Verherrlichung der Kriegstaten Napoleons I. erbaut werden, aber die nachfolgenden Ereignisse ließen es nicht dazu kommen. Der Bogen wurde im Jahre 1807 begonnen. 1826 wurde das Monument Kaiser Franz I. von Österreich gewidmet und *Friedensbogen* getauft, zur Erinnerung an den Europäischen Frieden von 1815. Später, im Jahre 1859, wurde er Viktor Emanuel I. und Napoleon III. gewidmet, um deren Einzug in Mailand zu feiern. Das 25 Meter hohe Monument setzt sich aus drei Bögen mit vier vorgesetzten Säulen an beiden Fronten zusammen. Darüber erhebt sich das goßartige, bronzene *Sechsgespann des Friedens* von Abbondio Sangiorgio, während die vier *Siegesgöttinnen zu Pferde* an den Ecken von Giovanni Putti sind. Über dem Gebälk sind die vier Hauptflüsse der Lombardei und Venetiens dargestellt: der *Po*, der *Tessin*, die *Etsch* und der *Tagliamento*. Die Reliefs an den beiden Fassaden zeigen *Episoden aus der Restauration nach dem Fall Napoleons*.

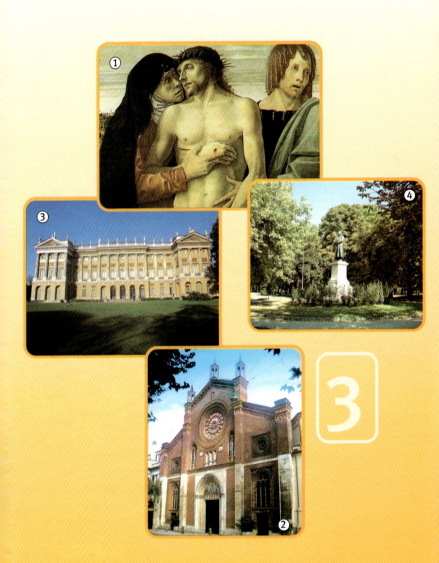

1 Palazzo di Brera (Sitz der Pinakothek)
2 Kirche San Marco
3 Villa Reale (Sitz der Galleria d'Arte Moderna)
4 Stadtpark

Die Pinakothek Brera erreicht man von der Piazza della Scala aus über die Via Giuseppe Verdi, auf der man nach kurzer Zeit rechts die elegante Barockfassade der **Kirche S. Giuseppe** liegen sieht, eines der bedeutendsten Bauwerke von Francesco M. Richini (1630). Später mündet diese Straße in die Via Brera, eine typische Mailänder Straße, die von klassizistischen Gebäuden und Palästen des 18. Jahrhunderts gesäumt wird. Auf der linken Seite finden wir bei Haus Nr. 15 den *Palazzo Cusani* (1719). Rechts, Nr. 28, steht der *Palazzo di Brera.*

Palazzo di Brera, Hof mit Bronzestandbild Napoleons I. von A. Canova

Palazzo di Brera

Dieses majestätische Gebäude wurde von den Jesuiten an der Stelle eines ehemaligen Humiliatenklosters errichtet. Mit dem Bau beauftragte man Francesco Maria Richini. Im Jahre 1651 begann er mit den Arbeiten, die er bis zu seinem

Palazzo di Brera, Fassade

Tode 1658 leitete. Der Bau wurde von seinem Sohn Gian Domenico und dann von anderen Baumeistern fortgesetzt und 1773 vollendet. Das herrliche Portal von Piermarini wurde im Jahre 1780 hinzugefügt. Vom Atrium aus betritt man den wunderbaren, rechteckigen Hof mit zwei Säulenordnungen, deren Arkaden sich auf Doppelsäulen stützen, ein architektonisches Meisterwerk von Richini nach einem Entwurf von Martino Bassi. In der Mitte des Hofes steht eine *Bronzestatue Napoleons I.* von Antonio Canova (1809). Der Held trägt in der rechten Hand das Symbol des Sieges und in der linken Hand das Zepter seiner Macht. Rundherum, zwischen den Säulen und an den Wänden, befinden sich Statuen und Büsten berühmter Wissenschaftler und Künstler, die am Leben der Stadt Mailand teilgenommen haben. Nach der Auflösung des Jesuitenordens im Jahre 1772 übergab

Kaiserin Maria Theresia von Österreich den Palast verschiedenen Institutionen, und noch heute befinden sich hier die *Akademie der Schönen Künste,* die *Nationalbibliothek,* die *Sternwarte* und die *Pinakothek,* die man über eine große, zweirampige Freitreppe am Ende des Hofes erreicht.

Die Pinakothek Brera

Die 1776 als Lehrabteilung der Akademie konzipierte Pinakothek wurde während des napoleonischen Königreiches zur Nationalgalerie erklärt. Am 15. August 1809 öffnete man die Säle für das breite Publikum, um das allgemeine Kunstinteresse zu wecken. Aus einer anfänglich bescheidenen Sammlung von Kunstwerken entwickelte sich im Laufe der Zeit eine der bedeutendsten Galerien Italiens. Der Kunstschatz besteht zum größten Teil aus Werken, die vom ausgehenden 18. bis beginnenden 19. Jahrhundert infolge der Auflösung zahlreicher religiöser Orden sowie durch Schenkungen und Ankauf dem Staat zugefallen sind. Heute enthalten die 38 Säle hervorragende Kunstwerke aller italienischen Schulen, vorwiegend der lombardischen und venezianischen, sowie eine Anzahl ausländischer Werke. Die Pinakothek wurde nach den Bombenschäden im letzten Krieg nach modernsten Richtlinien der Museumskunde wiederaufgebaut. 1989 leitete man eine umfassende Neuordnung und Rationalisierung der Museumsräume ein.

SAAL I - Der Saal beherbergt die Gemälde und Skulpturen der Sammlung Jesi (20. Jh.). Hier befinden sich Werke verschiedener Künstler, unter anderem von Afro Basadella (*Silver Dollar Club*), Umberto Boccioni (*Schlägerei im Tunnel, Die Salzstadt*), Massimo Campigli (*Frauen mit Gitarre*), Carlo Carrà (*Rhythmen, Die metaphysische Muse, Das verzauberte Zimmer, Mutter und Sohn, Das Haus der Liebe*), Filippo De Pisis (*Die heiligen Fische, Stilleben - Seestück mit Krabben, Stilleben - Seestück mit Kiebitz, San Moisè, Pfingstrosen, Stilleben - Seestück mit Feder*), Osvaldo Licini (*Balance, Rebellierender Engel mit weißem Mond*), Mario Mafai (*Zerlegtes Rind*), Marino Marini mit hervorragenden Plastiken (*Liegende Pomona, Das Wunder, Pomona, Wunder*), Arturo Marini mit den Terrakotten *Trinker* und *Ophelia,* Amedeo Modigliani (*Porträt des Malers Moïse Kisling*), Giorgio Morandi (*Blumen, Stilleben*), Pablo Picasso (*Stierkopf*), Ottone Rosai (*Tischlerbank, Kleines Konzert*), Medardo Rosso (*Dame mit Schleier*), Scipione (Gino Bonichi) (*Kardinal Vannutelli auf dem Sterbebett, Stilleben mit Seezungen*), Gino Severini (*Nord-Süd, Großes Stilleben mit Kürbis*), Mario Sironi (*Der Lastwagen, Das Atelier der Wunder, Die Lampe*), Ardengo Soffici (*Wassermelone und Likörflaschen*).

SAAL IA - In diesem Saal wurde die Mocchirolo-Kapelle (bei Lentate am Seveso) in ihrer Originalansicht rekonstruiert. Der herrliche, lombardische Freskenzyklus des 14. Jahrhunderts, der dem sogenannten Maestro di Mocchirolo zugeschrieben wird, enthält folgende Gemälde: *Kreuzigung; Graf Porro mit Familienangehörigen bringt der Jungfrau Maria das Modell der Kirche dar; Christus mit den Symbolen der Evangelisten; Heiliger Ritter; Der Auferstandene Segnende Christus.*

SAAL II - Dieser Saal ist, wie auch die nachfolgenden Säle, den venezianisch-lombardischen Malern beziehungsweise den Künstlern Mittel- und Norditaliens des 13.-14. Jahrhunderts vorbehal-

Pinakothek Brera, Madonna mit Kind von A. Lorenzetti (Saal II)

ten. Hier befinden sich Werke des soge-nannten Pisaner Malers (13. Jh.), (*Hl. Verano, umgeben von Engeln*, und *Geschichten aus seinem Leben*), von Ambrogio Lorenzetti *(Madonna mit Kind)*, Giovanni da Milano (*Thronender Christus, von Engeln angebetet*), Lorenzo Veneziano (*Madonna mit Kind und Heiligen*).

SAAL III - In diesem Saal befinden sich Werke von Jacopo Bellini, Nicolò di Pietro, Andrea di Bartolo und Giovanni da Bologna, von dem die wunderschö-ne *Madonna mit Kind und Engeln* stammt. SAAL IV - Hier sind unter anderem Werke von Gentile da Fabriano (*Der Valle Romita-Altar, Kreuzigung*) und von Stefano da Verona (*Anbetung der Könige*) zu sehen. SAAL V - Vorwiegend venezianische Meister des 15.-16. Jahrhunderts. Besonders erwähnenswert: Giovanni d'Alemagna

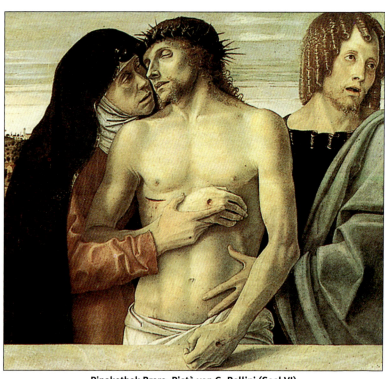

Pinakothek Brera, Pietà von G. Bellini (Saal VI)

Pinakothek Brera, Der Leichnam Christi im Grab von A. Mantegna (Saal VI)

und Antonio Vivarini (*Praglia-Altar*), Pedro Berruguete (*Der Leichnam Christi wird von zwei Engeln gestützt*), Girolamo da Treviso il Vecchio (*Der Leichnam Christi wird von zwei Engeln gestützt*).

SAAL VI - Beachtenswert in diesem Saal: Liberale da Verona (*Hl. Sebastian*), Vittore Carpaccio (*Der hl. Stephanus unter den Schriftgelehrten im Hohen Rat*), Cima da Conegliano (*Hl. Hieronymus in der Wüste, Thronender hl. Petrus, Johannes d. Täufer und der hl. Paulus*), Giovanni Bellini (*Madonna mit dem Kind, Pietà*), Andrea Mantegna (*Lukas-Polyptychon,, Christus im Grab und drei Trauernde*).

SAAL VII. - Hier befinden sich Porträts von venezianischen Künstlern des 16. Jahrhunderts. Herausragende Werke: Francesco Torbido, "Moro" genannt, (*Bildnis eines Mannes*), Tizian (*Porträt des*

Pinakothek Brera, Thronende Madonna mit Kind, umgeben von den Heiligen Andreas, Monika, Ursula und Sigismund von B. Montagna (Saal VIII)

Pinakothek Brera, Maria im Rosenhag von B. Luini (Saal XIX)

Grafen Antonio Porcia), Lorenzo Lotto *(Porträt der Laura da Pola, Porträt des Febo da Brescia)*, Paris Bordone *(Venezianische Liebende)*.

SAAL VIII - Der Saal ist hauptsächlich den venezianischen Malern des 15. Jahrhunderts gewidmet, unter anderem Cima da Conegliano *(Hl. Petrus Martyr und die Heiligen Nikolaus von Bari und Benedikt, Thronende Madonna mit Kind zwischen Heiligen und Stiftern)*, Gentile und Giovanni Bellini *(Predigt des hl. Markus in Alexandria in Ägypten)*, Palma il Vecchio *(Hl. Helena und Konstantin zwischen den Heiligen Rochus und Sebastian)*, Bartolomeo Montagna *(Thronende Madonna mit Kind und den Heiligen Franziskus und Bernhardin, Thronende Madonna mit Kind und den Heiligen Andreas, Monika, Ursula und Sigismund)*.

SAAL IX - Der Saal beherbergt Werke venezianischer Künstler des 16. Jahrhunderts, darunter Tizian *(Hl. Hierony-*

Pinakothek Brera, Madonna mit Kind und Heiligen von N. Pisano (Saal XXII)

mus als Büßer), Veronese (*Letztes Abendmahl, Taufe und Versuchung Christi, Christus am Ölberg*), Tintoretto (*Wiederauffindung des Leichnams des hl. Markus, Pietà*), Jacopo Bassano (*Der hl. Rochus besucht die Pestkranken*).

SAAL XIV - Der Saal enthält Werke von venezianischen Künstlern des 16. Jahrhunderts, u.a. von Romanino (*Kreuztragender Christus*), Moretto da Brescia (*Madonna mit dem Kind*), Giovan Batista Moroni *(Madonna mit Kind und den Heiligen Katharina, Franziskus und dem Stifter)*, Gian Gerolamo Savoldo (*Madonna in der Glorie mit dem Kind, Engeln und den Heiligen Petrus, Dominikus, Paulus und Hieronymus*), Cariani (Giovanni Busi) (*Thronende Madonna mit Kind, Engeln, und Heiligen*), Paris Bordone (*Taufe Christi, Heilige Familie mit dem hl. Ambrosius und einem Stifter*).

SAAL XV - Hier sind Gemälde und Fresken lombardischer Künstler des 15.-16. Jahrhunderts ausgestellt, darunter Gaudenzio Ferrari (*Madonna mit dem Kind*), Bramantino (*Madonna mit dem Kind und einer männlichen Figur, Kreuzigung*). Vincenzo Foppa (*Gnadenaltar*), Maestro della Pala Sforzesca (*Sforzesco-Altar*), Marco d'Oggiono (*Drei Erzengel*).

SAAL XVIII - Der Saal ist der lombardischen Malerei des 16. Jahrhunderts gewidmet. Herausragende Werke von Altobello Melone (*Porträt der Alda Bambara, Grablegung Christi*), Simone Peterzano (*Venus und Cupido mit zwei Satyrn*), Giovan Paolo Lomazzo (*Selbstbildnis als Abt der Akademie Val de Bregne*), Callisto Piazza (*Taufe Christi*), Giovanni Ambrogio Figino (*Porträt des Lucio Foppa*).

SAAL XIX - Der Saal enthält Gemälde mit sakralen Themen und lombardische Porträts des 15.-16. Jahrhunderts. Unter anderem erwähnenswert: Bergognone (*Madonna mit Kind, Hl. Katharina und ein Kartäusermönch*), Andrea Solario (*Madonna mit dem Kind und den Heiligen Josef und Simeon*), Bernardino Luini (*Maria im Rosenhag*), Cesare da Sesto (*Madonna mit dem Bäumchen*), Donato de' Bardi (*Johannes d. Täufer*).

SAAL XX - Der Saal ist Malern aus Ferrara und emilianischen Künstlern des 15. Jahrhunderts gewidmet. Beachtenswert Francesco del Cossa (*Johannes d. Täufer, Hl. Petrus*). Cosmè Tura (*Christus am Kreuz*), Lorenzo Costa (*Anbetung der Könige*), Francesco Zaganelli (*Kreuztragender Christus*).

SAAL XXI - Hier sind Flügelaltäre aus den Marken des 15. Jahrhunderts ausgestellt. Besonders sehenswert: Fra Cardinale (*Hl. Petrus*), Girolamo di Giovanni (*Polyptychon aus Gualdo Tadino*), Carlo Crivelli (*Madonna mit der Kerze, Pietà, Marienkrönung, Triptychon Camerino*).

SAAL XXII. - Der Saal enthält Malerei aus Ferrara und der Emilia des 15.-16. Jahrhunderts, u.a. Marco Palmezzano (*Madonna mit dem Kind und Heiligen*). Niccolò Pisano (*Madonna mit Kind*), Ercole de' Roberti (*Madonna mit dem Kind, den Heiligen Elisabeth, Anna, Augustinus und dem Seligen Pietro degli Onesti*), Ludovico Mazzolino (*Auferstehung des Lazarus*), Dosso Dossi (*Hl. Sebastian*), Garofalo (Benvenuto Tisi) (*Kreuzabnahme*), Ortolano (Giovan Battista Benvenuti) (*Kreuzigung mit der Jungfrau Maria und Heiligen*).

SAAL XXIII - Der Saal dokumentiert die Malerei aus Ferrara und der Emilia des 16. Jahrhunderts. Besonders sehenswert Correggio mit zwei Werken (*Geburt Christi mit der hl. Elisabeth und dem Johannesknaben, Anbetung der Könige*).

SAAL XXIV - Der Saal beherbergt Meisterwerke von Piero della Francesca, Signorelli, Bramante und Raffael.

Von Piero della Francesca stammt der berühmte *Montefeltro-Altar* aus der Kirche San Bernardino in Urbino, das der Herzog zur Feier der Geburt seines Sohnes Guidobaldo in Auftrag gab. Von Signorelli sind eine wunderschöne *Madonna mit Kind* und eine *Geißelung* zu sehen. Bramante schuf das bekannte Werk *Christus an der Geißelsäule*, während Raffael mit der weltberühmten *Vermählung der Jungfrau* vertreten ist, einem bedeutenden Werk, das der Künstler 1504 schuf und aus Città di Castello stammt.

SAAL XXVII - Der Saal zeigt Werke der Malerei des 15.-16. Jahrhunderts in Mitelitalien. Besonders sehenswert: Timoteo Viti (*Verkündigung, Johannes d. Täufer und Hl. Sebastian*), Girolamo Genga (*Disput über die Unbefleckte Empfängnis Mariä*) und Bronzino (*Andrea Doria als Neptun*).

SAAL XXVIII - Der Saal ist der Malerei

Pinakothek Brera, Geburt Christi mit der hl. Elisabeth und dem Johannesknaben von Correggio (Saal XXIII)

des 17. Jahrhunderts in Mittelitalien vorbehalten. Herausragende Werke von Barocci (*Martyrium des hl. Vitalis*), Ludovico Carracci (*Anbetung der Könige, Die kanaanäische Frau, Predigt des Mönchsvaters Antonius zu den Eremiten*), Annibale Carracci (*Das Gespräch am Jakobsbrunnen*), Guercino (*Abraham verstößt Hagar und Ismael*), Guido Reni (*Die Heiligen Petrus und Paulus*).

SAAL XXIX - Dieser Saal ist Caravaggio und seiner Schule gewidmet. Vom Meister selbst stammt das *Abendmahl in Emmaus*. Sehenswert auch der *Hl. Hieronymus* von Giuseppe Ribera, Spagnoletto genannt, *Das Gespräch am Jakobsbrunnen* von Giovan Battista Caracciolo und die *Märtyrer Valerian, Tiburtius und Cäcilia* von Orazio Gentileschi.

SAAL XXX - Der Saal enthält lombardische Malerei des 17. Jahrhunderts. Von besonderem Interesse: Tanzio da Varallo (*Martyrium der Franziskaner in Nagasaki*), Cerano (Giovan Battista Crespi) (*Maria im Rosenhag*), Giulio Cesare Procaccini (*Mystische Vermählung der hl. Katharina*) und ein Gemeinschaftswerk von Morazzone, Cerano und Procaccini (*Martyrium der Heiligen Rufina und Secunda*).

SAAL XXXI - Dieser Saal und die beiden folgenden Säle sind vorwiegend den Werken ausländischer Maler vorbehalten, darunter Anthonis van Dyck (*Maria mit dem Kind und der Hl. Antonius von Padua*), Jakob Jordaens (*Opferung Isaaks*), Peter Paul Rubens (*Abendmahl*), Evaristo Baschenis (*Stilleben mit Musikinstrumenten, Stilleben in der Küche*), Bernardo Strozzi (*Bildnis eines Malteserritters*), Pietro da Cortona (*Madonna mit Kind und Heiligen*).

SAAL XXXII - In diesem Saal dominieren die Werke von Jan de Beer (*Anbe-*

Pinakothek Brera, Vermählung der Jungfrau Maria von Raffael (Saal XXIV)

tung der Könige, Ruhe auf der Flucht nach Ägypten), des sog. Meisters der weiblichen Halbfiguren (*Hl. Katharina*), von Hermann Rode (*Bildnis eines Oranten*) und von El Greco (*Hl. Franziskus bei der Meditation*).

SAAL XXXIII - Erwähnenswert: Anthonis van Dyck (*Bildnis einer Dame*), Peter Paul Rubens und Samtbrueghel (*Die Nymphe Syrinx und Pan*), Samtbrueghel (*Dorf*). SAAL XXXIV - Der Saal enthält religiöse Malerei des 18. Jahrhunderts. Beachtenswert sind Pompeo Batoni (*Madonna mit Kind und Heiligen*), Luca Giordano (*Ecce Homo*), Giambattista Tiepolo (*Die hl. Jungfrau Maria vom Berg Karmel zwischen Heiligen, dem Propheten Elias und den Seelen des Fegefeuers*), Pierre Subleyras (*Hl. Hieronymus, Kreuzigung mit Magdalena und Heiligen*), Sebastiano Ricci (*Der hl. Gaetano tröstet einen Sterbenden*), Giuseppe Maria Crespi (*Kreuzigung*).

SAAL XXXV - Wie der nachfolgende Saal ist dieser Raum den venezianischen Malern des 18. Jahrhunderts gewidmet, mit Genrebildern und italienischen Porträts, darunter Pietro Longhi (*Familienkonzert, Der Zahnzieher*), Bernardo Bellotto (*Vedute von Gazzada, Vedute der Villa Melzi in Gazzada*), Canaletto (*Vedute des Canal Grande*), das Meisterwerk von Piazzetta (*Rebekka und Eleasar am Brunnen*), sowie Werke von Francesco Guardi und Künstlern der Tiepolo.

KORRIDOR - Im Korridor zwischen Saal XXXV und Saal XXXVI befindet sich unter anderen Werken das *Porträt von*

Predigt des Mönchsvaters Antonius an die Eremiten von Ludovico Carracci (Saal XXVIII)

Lord Donoughmore, ein Werk von Sir Joshua Reynolds.

SAAL XXXVI - Unter den verschiedenen Künstlern seien erwähnt: Fra Galgario (*Porträt eines Edelmannes*), Pitocchetto (Giacomo Ceruti) (*Träger, auf einem Korb sitzend, Sitzender Träger mit Korb, Eiern und Federvieh*).

Pinakothek Brera, Abendmahl in Emmaus von Caravaggio (Saal XXIX)

Pinakothek Brera, Madonna mit Kind und Heiligen von P. da Cortona (Saal XXXI)

Giuseppe Bossi und Domenico Aspari. Außerdem sehenswert Francesco Hayez (*Porträt der Familie Borri Stampa, Der Kuss, Porträt der Teresa Manzoni Stampa Borri, Die letzten Augenblicke des Dogen Marin Faliero, Porträt des Alessandro Manzoni*), Pierre-Paul Proud'hon (*Porträt des Grafen Giovanni Battista Sommariva*), Federico Faruffini (*Sordello und Cunizza*), Giovanni Segantini (*Weiden im Frühjahr*), Silvestro Lega *(Die Pergola)*, Giovanni Fattori (*Der rote Karren*), Andrea Appiani (*Venus und Cupido, Venus und Adonis beim Bade, Adonis verweilt bei Venus und Cupido, Tod des Adonis*).

SAAL XXXVII - Dieser Saal ist, ebenso wie der folgende, vorwiegend italienischen Malern des 19. Jahrhunderts vorbehalten, mit Selbstporträts von Giuliano Traballesi, Martin Knoller,

SAAL XXXVIII - Hier befinden sich die berühmte *Fiumana* von Giovanni Pellizza da Volpedo und das *Selbstporträt* von Umberto Boccioni.

Man geht die Via Brera entlang bis zur Kreuzung mit der Via Pontaccio, die rechts zur nahegelegenen Piazza San Marco führt.

Pinakothek Brera, Vedute des Markus-Beckens von Canaletto (Saal XXXV)

Pinakothek Brera, Der Kuss von F. Hayez (Saal XXXVII)

Pinakothek Brera, Der rote Karren von G. Fattori (Saal XXXVII)

Kirche San Marco

Der Überlieferung nach wurde diese Kirche im Jahre 1254 von dem Mailänder Adeligen Lanfranco Settala gegründet, der später General des Augustinerordens wurde. Im 14. Jahrhundert wurde die Kirche größer wiederaufgebaut, und im 15. Jahrhundert fügte man die Familienkapellen längs des rechten Seitenschiffes hinzu. 1690 wurde das Kircheninnere vollständig verändert und nach einem Entwurf von Francesco Castelli im Barockstil ausgestattet. Die im Jahre 1873 restaurierte Fassade ist in gotisch-lombardischem Stil erbaut. Von der älteren Fassade ist nur noch das spitzbogige Portal erhalten, das im Architrav *Christus zwischen den Symbolen der Evangelisten und zwei Heiligen* trägt. In den Nischen des darüberliegenden Tabernakels drei Statuetten von *Heiligen*. Am Kopfende des Querschiffes sind noch Strukturen des ursprünglichen Gebäudes aus dem 13. Jahrhundert zu sehen. Aus der gleichen Epoche stammt auch der lombardische Glockenturm.

Das Innere ist vollständig im Barockstil gehalten. Es steht auf lateinischem Kreuz und hat drei Schiffe, die durch Pfeiler getrennt sind. Die Kapellen des rechten Seitenschiffes enthalten wertvolle Malereien. In der ersten Kapelle, Fresken von Lomazzo, *Darstellungen aus dem Leben der Heiligen Petrus und Paulus*, und Altarbild *Madonna mit Kind und Heiligen*. 3. Kapelle, am Altar der *Hl. Markus* von Legnanino. In der Kuppel der vierten Kapelle die *Herabkunft des Heiligen Geistes*, möglicherweise von Vincenzo Campi. In der 5. Kapelle, *Propheten* und *Tugenden* von Antonio Campi. Im rechten Querschiff verschiedene Grabschriften und Grabdenkmäler, darunter, in der Mitte der Zentralwand, der *Sarkophag von Lanfranco Settala* (gest. 1264), ein Werk, das Giovanni di Balduccio und seinen Gehilfen zugeschrieben wird (14. Jh.). An der rechten Wand Fragmente von Fresken aus dem 14. Jahrhundert. In der Kapelle links ein *Sarkophag* mit Reliefs, die von Giovanni di Balduccio oder Matteo da Campione sein können. Die beiden herrlichen *Engel*, die den Sarkophag an der Vorderseite flankieren, stammen von Giovanni di Balduccio. Das große Gemälde *Geburt des hl. Franziskus* ist von Legnanino. Im Presbyterium, an der Wand, die *Taufe des hl. Augustinus*, ein hochgeschätztes Werk von Cerano (1618). Im linken Querschiff liegt zur Rechten die **Cappella della Pietà**, über dem Altar eine Kopie der *Grablegung Christi* von Caravaggio, deren Original sich in der Pinakothek im Vatikan befindet. In der Sakristei geschnitzte Schränke aus dem 17. Jahrhundert und Altarbild *Die Heilige Familie und der heilige Sirus* von Bernardino Campi (1569). An der Wand im linken Nebenschiff Gemälde von verschiedenen Künstlern, darunter Legnanino, Camillo Procaccini, Palma d. J. und A. Campi.

Vor der Piazza San Marco führt die Via Fatebenefratelli zur Piazza Cavour, wo jenseits des Platzes, hinter dem *Cavour-Denkmal* die Via Palestro beginnt, an der sich links öffentliche Parkanlagen erstrecken. Zur Rechten, auf dem Grundstück Nr. 16, steht die *Villa Reale*.

Kirche San Marco

Villa Reale

Diese Villa wurde von Leopold Pollak im Jahr 1790 erbaut. Sie ist eines der schönsten Gebäude des lombardischen Neoklassizismus. Die äußere Fassade ist rechteckig; der mittlere Teil des Erdgeschosses ist in Rustika ausgeführt. Die beiden oberen Stockwerke haben ionische Säulenordnungen. Bedeutend schöner ist jedoch die Gartenfassade. Sie besteht aus fünf Baukörpern, von denen drei vorgebaut sind. Reliefs mit mythologischen Themen bilden den Fassadenschmuck. Rund um die Attika stehen Statuen von Gottheiten. Die Flachreliefs in den Giebelfeldern der seitlichen Gebäudeteile stellen den *Wagen des Tags* und den *Wagen der Nacht* dar. Ursprünglich war die Villa die Residenz des Fürsten Ludovico Barbiano di Belgioioso. Im Jahre 1802 erwarb die Cisalpinische Regierung die Villa, um sie Napoleon zu schenken, als er die Präsidentschaft der Republik annahm. Napoleon wohnte dort mit seiner Gemahlin Josephine. Später residierte in der Villa Eugène Beauharnais, Vizekönig von Italien, und im Jahre 1857 General Radetzky, der hier am 5. Januar 1858 starb. Schließlich ging die Villa 1859 in den Besitz des Königreiches Italien über und wurde dann Stadteigentum. In dem Palast ist die Galerie der Modernen Kunst untergebracht. In dem mit Statuen geschmückten, englischen Garten befinden sich ein kleiner See und ein Brunnen von Adolf Wildt.

Galleria d'Arte Moderna

Es handelt sich um eine der reichhaltigsten Sammlungen dieser Art in Italien. In den schönen Sälen ist die Entwickung der Kunst des 19. Jahrhunderts vom mailändischen Neoklassizismus bis hin zur italienischen Romantikbewegung dokumentiert. Verdeut-

Villa Reale

Galleria d'Arte Moderna, Die Wäscherinnen von Mosè Bianchi

licht werden zudem auch die "realistische" Richtung der verschiedenen italienischen "Schulen" (die piemontesische und lombardische, die Schule der Macchiaioli in der Toskana, sowie die Schule von Posillipo usw.) und der Einfluss des französischen Impressionismus in Italien. Später erfolgte Neuerwerbungen haben die Sammlung erheblich bereichert, wie z.B. das *Museum Marini*, die *Sammlungen Boschi*, *Fontana*, *Melotti* und *Vismara*.

Das Erdgeschoss enthält die **Sammlung des Giuseppe Vismara** mit Werken von Modigliani, Picasso, Tosi, Sironi, Morandi und anderen Künstlern der Gegenwart italienischer und französischer Herkunft.

Das Obergeschoss beherbergt das **Marino-Marini-Museum**. Hier werden die Arbeiten des Künstlers gezeigt: Skulpturen, Zeichnungen und Grafik. Daneben Porträts von Persönlichkeiten aus der Welt der Kultur und Kunst des 20. Jahrhunderts.

Von SAAL XIV geht man in den zweiten Stock hinauf. Hier befindet sich die **Grassi-Sammlung**, ein Geschenk von Nedda Grassi an die Stadt zur Erinnerung an ihren Sohn Gino. Die Ausstellung in 13 Sälen umfasst Gemälde, Zeichnungen, Stoffe sowie orientalische Teppiche und Kunstgegenstände. Die 135 Gemälde, die größtenteils dem 19.-20. Jahrhundert angehören, bilden den Hauptteil der Sammlung. Aus diesem Grund hat die Sammlung vorwiegend modernen Charakter und wurde in diese Galerie einbezogen. Das italienische 19. Jahrhundert ist hauptsächlich vertreten durch Künstler wie S. Lega (*Mäherin; Passa il Viatico*), T. Signorini (*Wolken am Abend; Ochsen in Pietramala*), G. Fattori (*Große Manöver; Reiter; Schwarzes Pferd*), G. Segantini (*Tote Gemse; Im Stall;*

Stilleben), G. De Nittis (*Femme aux pompons; Mahlzeit in Posillipo*), A. Mancini (*In Tränen aufgelöst; Nackedei; Auf dem Lande*), G. Boldini (*Junge Amerikanerin*) Piccio (*Heilige Familie*), O. Borrani (*Frau mit Kerze*), D. Ranzoni. Das 20. Jahrhundert ist vertreten durch: G. Balla (*Laufendes Kind;*

Galleria d'Arte Moderna, Der Angler von G. Gemito

Galleria d'Arte Moderna, Dynamismus eines menschlichen Körpers von U. Boccioni

Villa Borghese; Fahrendes Auto), U. Boccioni (*Porträt der Mutter; Porträt der Frau Casabianca*), G. Morandi (*Landschaft; Stilleben*), O. Rosai (*Landschaft*), Pellizza da Volpedo (*Vierter Stand*), Tosi, Spadini, V. Guidi, F. Pirandello, F. Casorati. Von besonderem Interesse ist die Gruppe französischer Maler des 19.-20. Jahrhunderts. Hier finden sich Namen wie J.B. Corot (*Coup de Vent; Dame mit gelber Blume*), J.F. Millet (*Retour à la ferme*), E. Boudin (*Wäsche-*

rinnen), E. Manet (*Monsieur Armand zu Pferde*), P. Cézanne (*Les voleurs et l'âne*), B. Morisot (*Frau mit Blumen*) A. Renoir (*Spaziergang am Meeresufer*), P. Gauguin (*Landschaft in der Bretagne*). E. Vuillard (*Porträt der Frau Hessel*), P. Bonnard (*Intérieur bei Lampenlicht*), A. Sisley (*Wind und Sonne*).

Den Sammlungen des 19. Jahrhunderts folgten im anschließenden **Padiglione d'Arte Contemporanea** Gemälde und Skulpturen vom Futu-

Stadtpark, Denkmal für Antonio Stoppani von F. Confalonieri

rismus bis zur Produktion der Gegenwart. Am 27. Juli 1993 wurde das Gebäude bei einem schweren Terrorakt vollkommten verwüstet. Fünf Menschen kamen bei dem Anschlag ums Leben, tragisches Glied einer Kette von Explosionen, die gleichzeitig die Kirchen San Giovanni in Laterano und San Giorgio in Velabro in Rom getroffen hatten.

Fast gegenüber der Villa Reale liegen die Eingänge zum **Stadtpark**. Er wurde 1786 von Piermarini geschaffen und 1862 von Giuseppe Balzaretto in einen englischen Park umgestaltet. Auf dem etwa 17 Hektar großen Gelände befinden sich das *Städtische Museum für Naturkunde* mit verschiedenen bedeutenden Sammlungen, etwa der 25.000 Exemplare umfassenden, ornithologischen Sammlung mit aktuellen Dioramen, und das *Planetarium*.

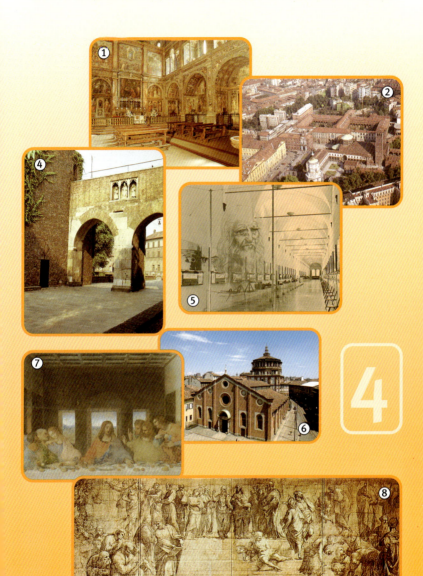

4

1 Kirche San Maurizio oder
  Monastero Maggiore
2 Basilika Sant'Ambrogio
3 Museum Sant'Ambrogio
4 Pusterla di Sant'Ambrogio
5 Museo Nazionale della Scienza e della Tecnica
6 Kirche Santa Maria delle Grazie
7 Refektorium mit Abendmahl von Leonardo
  da Vinci (Santa Maria delle Grazie)
8 Pinacoteca Ambrosiana

Von der Südseite des Domplatzes, zur Linken des Palazzo dell'Orologio, geht die Via degli Orefici ab, die wiederum in die Piazza Cordusio einmündet. Auf der gegenüberliegenden Seite des Platzes biegt man in die Via Dante ein und dann sofort links in die Via Meravigli, die sich im Corso Magenta fortsetzt, wo sich kurz danach links die Kirche des Monastero Maggiore befindet.

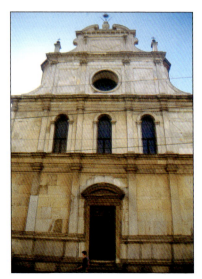

Kirche San Maurizio oder Monastero Maggiore

Der 1503 von Gian Giacomo Dolcebuono erbaute Komplex ist von großer künstlerischer Bedeutung. Die reiche malerische Ausstattung ist begabten zeitgenössischen Künstlern zu verdanken: Bernardino Luini, der hier in der ersten Hälfte des 16. Jahrhunderts wirkte, sowie Boltraffio und Peterzano.

Kirche San Maurizio, Fassade

Das Innere ist sehr einfach im Aufbau. Das einschiffige Langhaus wird durch eine Querwand in zwei Räume geteilt: der erste Teil ist für die Gläubigen bestimmt, der zweite für die

Kirche San Maurizio, Inneres

Kirche San Maurizio, Szene aus dem Martyrium der hl. Katharina von Alexandria (Detail) von B. Luini

Nonnen. An den Wänden zwei übereinander liegende Pfeilerordnungen, auf denen das Gewölbe ruht. In der unteren Ordnung reihen sich mehrere Kapellen aneinander, während in der oberen kleine, auf Säulchen ruhende, dreiteilige Loggien verlaufen. Die Wände der Kirche sind vollständig mit Fresken ausgemalt. An der inneren Fassade Fresken von Simone Peterzano, *Rückkehr des verlorenen Sohnes* und *Vertreibung der Händler aus dem Tempel*. Die 3. Kapelle der rechten Wand ist ganz mit Fresken von Bernardino Luini ausgemalt, der hier sein letztes Werk schuf (1530): *Szenen aus dem Martyrium der Hl. Katharina von Alexandria*. Die Fresken an der Trennwand sind alle von Luini, die *Epiphania* über dem Altar dagegen ist von Antonio Campi (1579). Die linke Wand und die entsprechenden Kapellen wurden von Malern des 16. Jahrhunderts ausgeschmückt, darunter einige Nachfolger von Luini. - Von der 3. Kapelle links

betritt man den **Nonnenchor**, der die Struktur der Kirche aufgreift. Auch hier ist die Querwand, an die sich die Empore anschließt, mit Fresken von Luini bemalt. Von besonderem Interesse sind die Darstellungen *Gang nach Golgatha* und *Kreuzabnahme*. Die oberen Loggien, die man über eine kleine Treppe auf der anderen Seite des Chors erreicht, enthalten 27 freskierte Tondi mit *Heiligenfiguren* von Boltraffio (1510).

Rechts von der Kirche befindet sich der Eingang zum ehemaligen Kreuzgang des Monastero Maggiore, heute Sitz der **Civiche Raccolte Archeologiche e Numismatiche** (Archäologische Funde und Münzen). Das 1965 eröffnete Museum enthält Material, das sich früher im Brera und im Castello Sforzesco befand, sowie Funde aus den letzten Jahren. Ein Teil des Bestands ist weiterhin im

Palazzo Litta

Castello Sforzesco zu sehen. Auf dem Corso Magenta erreicht man zur Rechten den großen **Palazzo Litta**, der im Auftrag des Grafen Bartolomeo Bella (1752-63) von Francesco M. Richini (1648) erbaut wurde. Zu beiden Seiten des Portals stehen *Atlanten* zur Stütze des Balkons. Oben im Fronton erscheint das von zwei *Mohren* gestützte Wappen der Familien Litta-Visconti-Arese Gegenüber dem Palazzo Litta beginnt die Via Agnese, die auf der großen Piazza S. Ambrogio ausläuft. Hier erhebt sich außer der Basilika der sog. **Siegestempel**, der im Jahre 1930 errichtet wurde. Dieses imposante, strenge Gebäude ist den Mailänder Gefallenen des Ersten Weltkrieges gewidmet. In einer Nische im Portikus, gegenüber dem Eingang, steht eine große Bronzestatue des *Hl. Ambrosius*, ein Werk des Bildhauers Adolf Wildt.

Tempio della Vittoria

Die Basilika Sant'Ambrogio

Diese Basilika ist eine der ältesten Kirchen von Mailand und vom geschichtlichen Standpunkt aus eines der bemerkenswertesten Gebäude der Lombardei. Im Jahre 379 begann man mit dem Bau der Kirche. Ursprünglich war sie dreischiffig und ohne Querhaus. Im Jahre 386 wurde sie vom hl. Ambrosius geweiht, der nach seinem Tode 397 neben den Heiligen Gervasius und Protasius dort bestattet wurde. 789 erbaute man neben der Kirche ein Benediktinerkloster, und im 9. Jahrhundert wurde der äußerst schlichte, rechte Glockenturm, der sog. *Mönchsturm,* errichtet. Die Apsiden und das Presbyterium fügte man im 10. Jahrhundert hinzu, während die Langschiffe, der Vierungsturm, die Vorhalle und der linke Glockenturm in romanisch-lombardischem Stil des 12. Jahrhunderts erbaut wurden. Dieser zweite Glockenturm, der sog. *Kanonikerturm,* dessen Flächen durch Lisenen und Gesimse mit hängendem Zwergbogenmotiv gegliedert sind, wurde im Jahre 1889 mit dem Bau der dreiteiligen Loggia vollendet. Ende des 15. Jahrhunderts beauftragte Kardinal Ascanio Sforza Bramante mit dem Bau der Kreuzgänge und des Portikus der Kanonikerwohnung. In den folgenden Jahrhunderten erfuhr die Basilika weitere Veränderungen, aber im Jahre 1857 liess der Erzherzog Maximilian von Österreich die Basilika in ihrer ursprünglichen Schlichtheit wiederherstellen, nachdem sie in der Barockzeit regelrecht verunstaltet worden war, und gab ihr somit ihr heutiges Aussehen zurück.

Basilika Sant'Ambrogio, Luftaufnahme

Nach den Bombenschäden im August 1943 übernahm der Architekt Ferdinando Reggiori die Restaurierung.

Die rechteckige Kirchenvorhalle ersetzt das ursprüngliche Atrium, das der Erzbischof Ansperto, Oberhaupt der Mailänder Kirche von 868 bis 881, erbauen ließ. In der ersten Hälfte des 12. Jahrhunderts erhielt der Portikus seine jetzige Form. Die Pfeilerkapitelle des wuchtigen Wandelganges tragen Pflanzenmotive, Tiersymbole und Ungeheuer. Die Fassade mit den beiden Glockentürmen besteht aus zwei übereinander liegenden Loggien, von denen die obere fünf abgestufte Arkaden aufweist. Den unteren Teil bildet ein Narthex, in dem drei Portale liegen. Die beiden Seitenportale mit mächtigen Architraven sind mit mittelalterlichen Tierfiguren geschmückt; das Mittelportal wird von kleinen Säulen mit Architrav eingefasst. Die ursprünglichen Kämpfer aus geschnitztem Holz mit *Darstellungen aus dem Leben Davids und Sauls* gehen auf das 4. und 7. Jahrhundert zurück, wurden jedoch im 18. Jahrhundert fast vollständig erneuert. Die Fragmente werden im

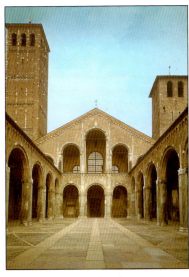

Basilika Sant'Ambrogio, Fassade, Vorhalle und Glockentürme

Museum der Basilika aufbewahrt. Die beiden bronzenen Türflügel sind aus dem 11.-12. Jahrhundert. Links vom Portal das *Marmorgrab des Humanisten Pier Candido Decembrio* (gest. 1477), ein Werk von Tommaso Cazzaniga.

Das Innere - Der majestätische, feierliche Kirchenraum wird durch Pfeilerbündel in drei kreuzgratgewölbte

byzantinisches Werk des 12. Jahrhunderts orientalischer Herkunft. Am fünften Pfeiler steht die *Kanzel,* die durch den Einsturz des Gewölbes im Jahre 1196 zerstört und 1201 wieder zusammengesetzt wurde. Sie ruht auf einem antiken Sarkophag und wird von kleinen Säulen mit reich verzierten Bögen getragen. An der Stirnseite, die dem Nebenschiff zugewandt ist,

Basilika Sant'Ambrogio, Innenraum

Schiffe mit Apsiden geteilt. Über den Seitenschiffen liegen Matroneen. Von besonderem künstlerischem Interesse sind die Pfeilerkapitelle im Mittelschiff. Rechts eine *Statue von Pius IX.* von Francesco Confalonieri (1880). Am rechten Pfeiler links drei Fresken aus dem 13. Jahrhundert mit Darstellungen des *Hl. Ambrosius,* der *Madonna mit dem Kind* und des *Auftraggebers Bonamico Taverna.* Weiter vorn eine Säule mit bronzener *Schlange,* der eine Legende Wunderkräfte zusprach, ein

zeigt ein Relief das *Letzte Abendmahl,* ein Werk aus dem 11. Jahrhundert. Aus der gleichen Epoche stammen der kupferne *Engel* und der *Adler* an der Stirnseite des Lesepultes. Unter der Kanzel steht ein *frühchristlicher Sarkophag* aus dem 4. Jahrhundert, der vermutlich für *Stilicho,* einen General Theoderichs, und seine Frau Serena bestimmt war. Die Seiten des Sarkophags tragen Reliefs, und zwar *Jesus und die Apostel* auf der Vorderseite; *Elias auf dem Feuerwagen* und der

Basilika Sant'Ambrogio, Antependium oder Goldener Altar

Jesusknabe zwischen dem Esel und dem Ochsen auf der rechten Seite; nochmals *Jesus mit den Aposteln* auf der Rückseite; das *Opfer Abrahams* und *Apostel* auf der linken Seite. In der Mitte des Presbyteriums, über dem sich der breite Vierungsturm erhebt, ruht auf vier Porphyrsäulen mit Kapitellen aus dem 11. Jahrhundert das **Ciborium**. Die Baldachinverzierung in buntem Stuck (12. Jh.) zeigt folgende Darstellungen: an der Stirnseite, *Christus übergibt dem hl. Petrus die Schlüssel und dem hl. Paulus das Buch der Weisheit;* rechts der *Hl. Ambrosius und zwei Andächtige;* an der Seite zur Apsis, der *hl. Ambrosius mit den Heiligen Gervasius und Protasius;* links eine *Heilige mit zwei Andächtigen.* Unter dem Ciborium befindet sich das berühmte **Antependium**, auch **Goldener Altar** genannt, ein Werk des Goldschmieds Volvinio aus dem Jahre 835 und Geschenk des Erzbischofs Angilberto II. (824-59). Auf den Reliefs der Vorderseite sind der *Erlöser mit den Symbolen der Evangelisten und die Apostel*

dargestellt; rund herum *Szenen aus dem Leben Christi;* auf der Rückseite *Szenen aus dem Leben des hl. Ambrosius,* auf den Flanken *Engel und Heilige.* Zu beiden Seiten des Ciboriums zwei Schränke und der *Thron des Abtes.* Die

Basilika Sant'Ambrogio, Detail des Ciboriums

Apsis liegt erhöht über der Krypta; rund herum sind noch Teile des wunderschönen, zweireihigen Chorgestühls aus dem 15. Jahrhundert zu sehen, dessen Schnitzereien *Szenen aus dem Leben des hl. Ambrosius* erkennen lassen. In der Mitte ein marmorner Bischofsstuhl (9. Jh.). Das aus verschiedenen Epochen stammende Mosaik in der Apsiswölbung, das an byzantinische Kunst erinnert (es wurde nach den Schäden des letzten Krieges wiederhergestellt), zeigt in der Mitte den *Segnenden Christus zwischen den Heiligen Gervasius und Protasius*, an den Seiten zwei Episoden der Vision, die der hl. Ambrosius von der *Beisetzung des hl. Martin von Tours hatte*. - Seitlich des Presbyteriums liegt der Zugang zur **Krypta**, die in zwei Räume geteilt ist: der vordere Raum, dessen fünf Schiffe auf roten Marmorsäulen ruhen, geht auf das 9. und 11. Jahrhundert zurück und wurde im Jahre 1740 restauriert; der zweite Raum ist von einem Gitter umgeben und bewahrt den Schrein der heiligen Schutzpatrone mit den Reliquien der Heiligen Ambrosius, Gervasius und Protasius, ein Werk aus Silber und Kristall, das Giovanni Lomazzi nach einem Entwurf von Ippolito Marchetti (1897) ausführte. An der Rückseite befindet sich das Porphyrgrab, in dem im Jahre 1864 die Reste der drei Heiligen aufgefunden wurden, sowie ein Säulenstumpf aus dem 14. Jahrhundert, der auf der Piazza Castello den Ort des Martyriums der Heiligen Gervasius und Protasius bezeichnete. - Im rechten Seitenschiff liegen sieben Kapellen. Über dem Altar der 2. Kapelle, *Maria, der Hl. Bartholomäus und der Täufer* ein Gaudenzio Ferrari zugeschriebenes Altarbild. In der 5. Kapelle, barock, zwei große Gemälde (18. Jh.), *Tod des hl. Benedikt* und der *Hl. Bernhard*, darunter zwei Freskenreste im Stil Luinis, *Jesus am Ölberg* und der *Einzug Jesu in Jerusalem*. In der 6. Kapelle wertvolle Werke von Lanino: *Madonna mit dem Kind und dem Johannesknaben* am Altar, an den Wänden *Darstellungen aus dem Leben des hl. Georg*. Von der 7. Kapelle, die an der Rückwand durch einen Altar abgeschlossen wird (Altarbild von Andrea Lanzi, 17. Jh., *Todeskampf des hl. Ambrosius*) betritt man links die *Vorkapelle des hl. Satirus* mit den

Basilika Sant'Ambrogio, Grabstein im Kircheninneren

Gewölbefresken *Glorie des hl. Viktor* (1763), einem Meisterwerk von Antonio de Giorgi; und Fresken von Ferdinando Porta (1738). Von hier aus kommt man in die **Kapelle San Vittore in Ciel d'Oro** (4. Jh.), wo die Reliquien des hl. Viktor und des hl. Satirus aufbewahrt wurden. Der quadratische Raum mit Apsis wird von einer Kuppel überdeckt, in der ein Mosaik auf Goldgrund aus dem 5. Jahrh. erscheint. Es zeigt den *Hl. Viktor* umgeben von einem Glorienkranz. An den Wänden weitere Mosaiken aus der gleichen Epoche. Links der *Hl. Ambrosius mit den Heiligen Gervasius und Protasius* und rechts die *Heiligen Felix, Maternus und Nabor.* In der darunterliegenden Krypta steht ein Sarkophag aus dem 5. Jahrhundert, der später als Reliquienschrein für Märtyrer verwendet wurde. Links von der Kapelle betritt man die **Sakristei**, deren Gewölbe früher mit dem Fresko *Glorie des hl. Bernhard* von Tiepolo geschmückt war, das jedoch bei den Bombenangriffen 1943 verlorenging. Jetzt hat man zwei abgelöste Fresken von Tiepolo hier aufgestellt, die das *Martyrium des hl. Viktor* und den *Schiffbruch des hl. Satirus* (1737) darstellen. Wenn man zum Eingang der Kirche zurückgeht, sieht man am ersten Joch des linken Seitenschiffes auf dem Architrav einer Tür *Putten bei der Weinlese* 5.-6. Jh.). Im gleichen Schiff befindet sich in der 1. Kapelle, hinter dem Taufbecken, ein Fresko von Bergognone (1491), der *Auferstandene Christus mit zwei Engeln.* Das Gewölbefresko mit der Darstellung des *Paradieses* ist von Isidoro Bianchi 17. Jh.). Am Altar der 3. Kapelle ein *Madonnenrundbild* von Luini. Durch eine Tür am Ende des Seitenschiffes kommt man zum **Portikus der Kanonikerwohnung**, der im Jahre 1492 im Auftrage von Ludovico il Moro von Bramante begonnen wurde. Ursprünglich sollte er ein vierseitiger Kreuzgang werden, aber im Jahre 1499 wurde der Bau durch den Sturz des Auftraggebers eingestellt, so dass nur der Teil an der Basilika vollendet wurde. Die weiten Arkaden ruhen auf Säulen, von denen vier die Form von Baumstümpfen haben. In der Mitte des Säulenganges erscheinen auf einer Bogenrückwand zwei Reliefbüsten von *Ludovico il Moro und Beatrice d'Este*, Werke aus dem ausgehenden 15. Jahrhundert. Im Hof steht das **Oratorium des hl. Sigismund**, das früher *Santa Maria Greca* hieß. Seit dem 11. Jahrhundert hatte es mehrere Umbauten erlebt, zuletzt wurde es im Jahre 1940 restauriert.

Museum Sant'Ambrogio

Der Eingang liegt am Ende des Portikus der Kanonikerwohnung. Das im Jahre 1949 gegründete Museum enthält wertvolle Erinnerungsstücke, die von dem ruhmreichen Bestehen der Basilika zeugen. In einem Raum auf halber Höhe der Freitreppe befindet sich die **Schatzkammer**. Eines der wertvollsten Goldschmiedearbeiten stellt ein *Prozessionskreuz* aus dem 15. Jahrhundert dar. Vom Treppenabsatz, wo sich zwischen zwei Türen ein Stuckmedaillon mit der *Büste des hl. Ambrosius* aus dem 12. Jahrhundert befindet, kommt man in den SAAL I, die sog. *Sala degli Ara-*

zzi. In SAAL II (*Sala delle Stoffe*) befinden sich kostbare Stoffe, die unter dem Allgemeinbegriff *Dalmatiken des hl. Ambrosius* bekannt sind, darunter ein Damast mit Jagdszenen orientalischer Herkunft aus dem 4. Jahrhundert. Außerdem Gewänder aus dem Sarkophag des Heiligen, die man 1940 in der Sterbekapelle fand. In SAAL III, der *Sala dei Paliotti*, befindet sich ein Triptychon *Madonna mit dem hl. Ambrosius und dem hl. Hieronymus* (1494) von Bernardino Zenale. Außerdem verschiedene Antependien, darunter eine mit Stickereien aus dem 15. Jahrhundert. Im Durchgang sind einige Bombenhüllen ausgestellt, die im Jahre 1943 die Basilika trafen. Der IV. SAAL wird *Sala della Lettiera* genannt, da in der Mitte eine antike Bettstatt steht, von der man annimmt, dass sie dem hl. Ambrosius gehört habe; angeblich soll der Heilige auf diesem Lager auch gestorben sein. Interessant die Reproduktion der antiken Türen der Basilika mit einigen Original-Holzfragmenten (4. Jh.) in vortrefflicher, klassischer Ausführung. SAAL V, die sog. *Sala degli Affreschi*, enthält wertvolle Malereien, darunter *Jesus unter den Schriftgelehrten,* ein Fresko von Bergognone und *Madonna del Latte* von Luini. In den Vitrinen sind einige der 55 Pergamenthandschriften ausgestellt, die die Geschichte der lombardischen Buchmalerei vom 10. bis 13. Jahrhundert dokumentieren. In SAAL VI, der sog. *Sala delle vicende storiche,* mit Wandteppichen des 17. Jahrhunderts, informieren Radierungen, Drucke und sonstiges Anschauungsmaterial über historische Ereignisse.

Pusterla di Sant'Ambrogio

Wenn man die Basilika verlässt und rechts in die Via S. Vittore einbiegt, befindet sich gleich zur Linken die sog. Pusterla di S. Ambrogio, ein Stadttor mit doppeltem Durchgang und zwei Türmen. Dieses Tor wurde im Jahre 1171 in die mittelalterliche Stadtmauer eingelassen und 1940 restauriert. An der Front, die zur Via De Amicis zeigt, stehen in einem Tabernakel über den beiden Durchgängen gotische Statuen der *Heiligen Ambrosius, Gervasius* und *Protasius*.

Folgt man der Via S. Vittore weiter, so trifft man bald zur Linken auf einen kleinen Platz mit der **Basilika S. Vittore al Corpo**, die auch *Basilika Porziana* genannt wird. Sie ist frühchristlichen Ursprungs, wurde jedoch von Vincenzo Seregni 1560 neu erbaut. Das mit Fresken und Stuckverzierungen reich dekorierte Kircheninnere enthält bedeutende Malereien von Künstlern des 17. Jahrhunderts, darunter Procaccini, Del Cairo, Enea, Salmeggia,

Pusterla di Sant'Ambrogio

Kirche San Vittore al Corpo

Talpino genannt, Nuvolone und Daniele Crespi. Links von der Basilika liegt das alte **Kloster San Vittore**, in dem heute das *Nationalmuseum für Wissenschaft und Technik "Leonardo da Vinci"* untergebracht ist.

Museo Nazionale della Scienza e della Tecnica "Leonardo da Vinci"

Das Museum, das am 15. Februar 1953 eröffnet wurde und den Namen Leonardos erhielt, nimmt das alte Olivetanerkloster neben der Basilika San Vittore ein, das aus den Ruinen des letzten Krieges in seinen ursprünglichen, feierlichen und eleganten Linien völlig neu erstand. Das Museum will auf attraktive und anschauliche Weise die Geschichte der Wissenschaft und Technik erläutern und über die Erscheinungen, die den Anstoß zu großen Erfindungen gegeben haben, sowie über Entdeckungen, Vorrichtungen und Maschinen, die zu dem ungeheuren, technischen Fortschritt der modernen Welt beigetragen haben, Auskunft geben. Aber im Gegensatz zu ähnlichen Einrichtungen in anderen Ländern ist das Museum in Mailand nach den drei großen Richtlinien des Humanismus von Leonardo da Vinci angelegt: Wissenschaft, Technik und Kunst. So findet der Besucher

Olivetanerkloster

Museo della Scienza e Tecnica, Galleria di Leonardo da Vinci

neben alten und modernen Maschinen, physikalischen Experimenten, Vitrinen mit alten und neuen Instrumenten auch hervorragende Gemälde, Dekorationen, Chorgestühl und genaue Nachbildungen von Räumlichkeiten, die im Museum eine einmalige Atmosphäre von suggestiver Eleganz und Vielseitigkeit schaffen.

Neben der eindrucksvollen *Galleria di Leonardo*, die von dem auf einer großen Kristallplatte eingravierten, streng blickenden *Selbstbildnis* des Meisters beherrscht wird und in der die vollständigste, dokumentierte Sammlung der ganzen Welt mit Modellen von Maschinen, Vorrichtungen und Entwürfen Leonardos ausgestellt ist, bietet das Museum eine Lehrgeschichte der Physik. Diese Galerie umfasst Apparate und

Instrumente (Originale oder Kopien) von Galilei, Newton, Volta, Pacinotti, Ferraris usw.; "aktive" Vitrinen, in denen jederzeit Experimente zur Verdeutlichung von Vorgängen, Gesetzen und Prinzipien wiederholt werden können. Die *Sala dell'Ottica* erläutert insbesondere die Grundsätze der geometrischen Optik (Reflexion, Strahlenbrechung, totale Spiegelung, Linsen), der Polarisation (Rotation und Spannungsoptik), der Spektroskopie (kontinuierliches Spektrum, Absorptionsspektrum, Linienspektrum), der Roentgenstrahlen, der Fluoreszenz usw. Die *Abteilung Radio und Fernmeldung* umfasst den *Marconi-Saal*, in dem sich eine Sammlung der wichtigsten, von Marconi erfundenen und gebauten Instrumente befindet, einschließlich der Apparate, die an Bord der Jacht "Electra" eingebaut waren. Von den Fernmeldeapparaten sei der *Schreibtelegraph* von G. Caselli (1855 und später) erwähnt, das erste Gerät, mit dem im öffentlichen Dienst Bilder über Telegraphendraht gesendet wurden. In der *Schreibmaschinenausstellung* befindet sich die sog. *Schreibzimbel* von A. Ravizza. Das Museum enthält auch eine Schiffsabteilung (**Civico Museo Navale Didattico**) und eine Uhrenabteilung mit vielen wertvollen Stücken; ferner eine Sammlung antiker Goldschmiedekunst; die *Verkehrsausstellung,* in der auf einer riesigen Bildtafel die Ent-

bliothek (*Biblioteca di Storia della Scienza*) und das Lehrzentrum für Experimentalphysik (*Centro Didattico della Fisica Sperimentale*) mit seinen Sälen und reichbestückten Sammlungen von Instrumenten, und der *Lesesaal mit wissenschaftlichen und techni schen Fachzeitschriften* ergänzen die Arbeit der verschiedenen Abteilungen und bieten dem Museumsbesucher wertvolle Studienhilfen und Informationen.

Auf der Via S. Vittore biegt man wenig später nach rechts in die Via Bernardino Zenale ab, die dann erneut auf den Corso Magenta zuführt. Direkt gegenüber der

Museo della Scienza e della Tecnica, zwei Säle mit Flugzeugen und Lokomotiven

wicklung des Rades dargestellt ist, und zwar vom Rad aus Ur (4000 v. Chr.) bis zum modernen Gummireifen, usw. Im Souterrain steht übrigens eine große Dampfmaschine von Horn (um 1830); außerdem die ersten Motoren (wind-, wasser- und wärmebetrieben); die Geschichte der Gießerei, Metallurgie und Metallbearbeitung (Walzwerke, ein noch heute funktionierender hydraulischer Hammer aus dem 18. Jh., u.a.). In den großen Sälen (*Sale delle Colonne*, ehemals Klosterbibliothek; *Refektorium* mit prunkvoller Dekoration des 18. Jh.; *Lichtspielsaal*) sowie in anderen, kleineren Sälen finden häufig Kongresse und Zusammenkünfte von hohem, kulturellen Interesse und internationaler Bedeutung statt. Die wissenschaftliche Fachbi-

Einmündung öffnet sich die Piazza S. Maria delle Grazie mit der Kirche, nach der dieser Platz benannt ist.

Kirche Santa Maria delle Grazie

D iese eindrucksvollste Kirche Mailands, die aus der Verschmelzung der Gotik und des Renaissancestils entstand, ist ein Werk von Guiniforte Solari und Donato Bramante. Sie steht an der Stelle einer ehmaligen Kapelle, die ein wundertätiges *Madonnenbild* enthielt (daher der Name Madonna delle Grazie). Der Bau der Kirche, die Guiniforte Solari im Auftrag der Dominikaner entwarf, wurde im Jahre 1466 begonnen, als das angrenzende Kloster

Kirche Santa Maria delle Grazie

bereits fast fertiggestellt war, und 1490 vollendet. Kurz danach ließ Ludovico il Moro, dem die Kirche sehr am Herzen lag, verschiedene Veränderungen und Erweiterungen vornehmen, in der Absicht, auch ein Grabmal für sich und seine Gemahlin Beatrice d'Este zu schaffen. Nachdem man das Presbyterium und die Apsis abgerissen hatte, begann Bramante 1492 mit dem Bau des herrlichen Chors (Tribuna), der aus einem großen Würfel mit drei Apsiden besteht. Der Unterbau ist mit herrlichen Rundbildern dekoriert. Im oberen Teil erscheinen Wappen der Sforza und marmorne Medaillons mit *Heiligen,* die Amadeo zugeschrieben werden. Über dem

Chor erhebt sich der polygonale Vierungsturm mit Zwillingsfenstern und einer anmutigen Galerie im oberen Teil, auf dem die Kuppel ruht. Im Jahre 1497 wurde in dieser Kirche Beatrice d'Este beigesetzt, aber wegen der sich überstürzenden politischen Ereignisse konnte Ludovico il Moro hier nicht seine letzte Ruhestätte finden, und die von Solari ausgeführten und für das Grabmal des Ehepaares bestimmten Statuen werden heute in der Certosa di Pavia aufbewahrt. Von 1558 bis 1782 war das Kloster Sitz des *Inquisitionsgerichtes.* Von 1934-37 wurde das ganze Gebäude unter der Leitung des Architekten Piero Portalupi restauriert, und zwar dank der Freigebigkeit des

**Kirche Santa Maria
delle Grazie, Apsis**

Senators Ettore Conti, der auch später im Jahre 1947 die Wiederherstellung der Seitenschiffe und der Kreuzgänge finanzierte, die durch die Luftangriffe von 1943 schwer beschädigt worden waren. Die Fassade mit dem breiten, niedrigen Satteldach lässt den traditionellen, lombardischen Stil erkennen. Die Wandfläche wird durch Lisenen unterteilt. Im unteren Fassadenteil liegen vier einbogige, gotische Fenster, im oberen Teil Rundfenster. Das marmorne Baldachinportal, das sich auf zwei Säulen und Pfeiler stützt, ist von Bramante. In der Lünette des darüberliegenden, tief eingeschnittenen Bogens erscheint ein Fresko von Michelangelo Bellotti (1729). An der rechten Kirchenflanke öffnen sich unter einer Reihe von Bullaugen einbogige Fenster.

Das Innere - Der Kirchenraum wird durch weite, auf Säulen ruhende Spitzbögen in drei Schiffe geteilt. Die Kreuzgewölbe sind mit verschiedenen Freskomotiven ausgemalt. Längs der Seitenschiffe liegen Kapellen. In den großen Bogenfeldern der Mittelschiffarkaden erscheinen Tondi mit Halbfiguren von *Heiligen des Dominikanerordens* von Bernardino Butinone. Vom gleichen Künstler stammen auch die Ganzfiguren der *Dominikanerheiligen* in den Pfeilernischen (15. Jh.). In der ersten Kapelle des rechten Seitenschiffes, an der linken Wand, *Grabmal der Familie Della Torre* mit drei Flachreliefs an der Stirnseite des Sarkophags, *Verkündigung, Anbetung der Hirten* und *Epiphania*, Werke von Francesco Cazzaniga (1483). Über dem Altar *Anbetung des Kindes*, ein wertvolles abgelöstes Fresko eines unbekannten, lombardischen Meisters des 15. Jahrhunderts. 2. Kapelle, vier leere Kenotaphe aus dem 16. Jahrhundert. Die 4. Kapelle ist mit Fresken von Gaudenzio Ferrari (1542) ausgeschmückt, *Darstellungen aus der Leidensgeschichte und Engel.* In der 5. Kapelle sind die Wände mit *girlandentragenden Engeln* aus Stuck dekoriert (16. Jh.). In den Gewölbekappen und im oberen Teil der Wände, Fresken von Giovanni De' Mio. Die 6. Kapelle enthält über dem Altar eine *Madonna und Heilige* von Coriolano Malagnazzo (16. Jh.) und an den Wänden Fresken der Brüder Fiammenghini. 7. Kapelle, am Gewölbe Fresken und Stuckverzierungen von Ottavio Semini und über dem Altar *Graf Vimercati verehrt Johannes den Täufer* von

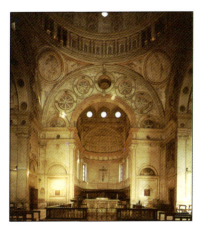

**Kirche Santa Maria
delle Grazie, Innenraum**

Kirche Santa Maria delle Grazie, Kreuzgang

Marco d'Oggiono. Von hier aus erreicht man die Tribuna von Bramante mit den vier mächtigen Bögen, die die Kuppel tragen. Diese ruht auf einem Tambour, der von einer Loggia mit Zwillingsbögen und einem krönenden Schmuckstreifen umgeben ist. Das Ganze ist eine der reinsten Schöpfungen der Renaissance. Das Presbyterium mit quadratischem Grundriss endet in einer breiten Nische. Wunderschön ist das schirmartige Gewölbe mit den Rundfenstern in den Lünetten des Unterbaus. An den Wänden große Graffito-Darstellungen von *Dominikanerheiligen*. In den Zwickeln der Bögen und Lünetten befinden sich Medaillons mit Halbfiguren von *Evangelisten* und *Kirchenlehrern*, die man Amadeo zuschreibt. Von besonderer Bedeutung der wunderbare, zweireihige Holzchor mit geschnitzten Heiligenfiguren und Blumenmotiven (1470-1510). Zwischen dem Presbyterium und dem linken Seitenschiff liegt die **Cappella della Madonna delle Grazie**, die das Oratorium der ursprünglichen Kirche war. Dieses Bethaus wurde dann in den späteren Neubau einbezogen und in der Folgezeit vergrößert und mit Stuckarbeiten und Gemälden ausgeschmückt, die leider beim Einsturz

der Gewölbe während der Bombenangriffe 1943 großenteils zerstört wurden. Am Joch zum Mittelschiff stellt eine große Stuckkomposition des 17. Jahrhunderts die *Madonna, Engel und Heilige* auf blauem Grund dar; das Gemälde aus dem 17. Jahrhundert auf dem Eingangsbogen dagegen ist von Cerano. Am Altar befindet sich ein Tafelbild, *Madonna delle Grazie*, das während der Pest von 1576-1630 sehr verehrt wurde. In der 4. Kapelle des linken Seitenschiffes (Familienkapelle des Senators Conti), die durch ein Bronzegitter (17. Jh.) geschlossen wird, steht auf dem Altar ein Triptychon, *Madonna und Heilige* von Nicolò da Cremona. In der 2. Kapelle befinden sich die *Grabstele des Kardinals Arcimboldi* mit Bambaia zugeschriebenen Skulpturen, sowie der *Grabstein des Kardinals Branda Castiglioni* (gest. 1495). In der 1. Kapelle Fresken von Montorfano und auf dem Altar ein modernes Flachrelief von Arrigo Minerbi. Wenn man zur Tribuna zurückkehrt, so erreicht man durch eine Tür links den **Chiostrino** von Bramante, den Ludovico il Moro erbauen liess. Der kleine, harmonisch gestaltete Hof ist mit einem Säulengang ausgestattet, dessen Arkaden auf schlanken Säulen mit zierlichen Kapitellen ruhen. In der Türlünette zur Kirche, zu beiden Seiten eines kleinen Tabernakels, sieht man den *Hl. Petrus und die Hl. Katharina*, ein Fresko von Bramantino; vom gleichen Künstler stammt auch das Fresko *Madonna mit Kind und Heiligen* in der Portallünette auf der anderen Seite des Portikus. Diese Tür führt in die **Alte Sakristei**, die ebenfalls von Bramante stammt. Hier stehen zweistöckige Intarsienschränke, und an den Wänden sind Gemälde mit *Darstellungen aus dem Alten und Neuen Testament* zu sehen (1497-1503). An den Innenseiten der seitlichen Apsispfeiler Flachreliefs mit den Porträts von *Ludovico il Moro* und seinem Sohn *Massimiliano*.

111

R echts von der Kirche betritt man das ehemalige Dominikanerkloster, wo Leonardo da Vinci von 1495-98 im Auftrage von Ludovico il Moro im Refektorium das **Letzte Abendmahl** malte, eines der größten Meisterwerke der Malerei. Das Fresko nimmt die Rückwand des Raumes ein; in den drei oberen Lünetten, die mit der Gewölbedekoration verbunden sind (sie ging 1943 verloren), erscheinen Fruchtkränze und Wappen der Familien Sforza und Este zu Ehren des Herzogs Ludovico Sforza und der Beatrice d'Este. Einige Kunsthistoriker nehmen an, daß die von Leonardo dargestellte Szene der Zwölf Apostel, die mit dem Meister zum Abendmahl versammelt sind, sich auf den Augenblick bezieht, in dem Jesus die Worte ausspricht: "Einer von euch wird mich verraten". Andere meinen, es sei der Augenblick der Wandlung. Das ganze Bild ist in ein schwaches, diffuses Licht getaucht, das zum Teil durch die drei Fenster am Ende des Raumes einfällt und zum Teil von der vorderen Lichtquelle herrührt, die mit dem natürlichen Tageslicht übereinzustimmen scheint. Dieses Kunstwerk, das als der tiefste Ausdruck des mystischen Geschehens des Evangeliums gilt, blieb bei den Bombenangriffen im August 1943 wunderbarerweise verschont, während die umliegenden Kreuzgänge und ein Teil der Kirche sehr beschädigt wurden. Das Fresko warf von Anfang an Probleme in bezug auf die Erhaltung auf. Bereits 1517 zeigte das Gemälde Verwitterungserscheinungen, die möglicherweise auf eine von Leonardo angewandte, neue Maltechnik zurückzuführen waren. Zur Zeit Napoleons wurde das Refektorium als Stall benutzt, und 1801 stand der Raum unter Wasser. 1953 wurde das Fresko gründlich gereinigt und konsolidiert. Heute ist das wunderschöne Gemälde wieder für Publikum zugänglich, dank einer radikalen und komplizierten Restaurierung, die in der zweiten Hälfte der neunziger Jahre des 20. Jahrhunderts abgeschlossen wurde.

Bartholomäus   Andreas   Petrus   Johannes   Jesus   Thomas   Philippus   Matthäus   Simon Zelotes
     Jakobus d.J.   Judas (Ischarioth)   Jakobus d.Ä.   Thaddäus

An der Südwestecke des Domplatzes folgt man der Via Orefici und biegt dann links ab in die Via Cesare Cantù, die auf einen Platz zuläuft, wo der **Palazzo dell'Ambrosiana** steht, den Lelio Buzzi (1609) im Auftrag des Kardinals Federico Borromeo verwirklichte.

Pinacoteca Ambrosiana

Die Pinakothek wurde 1607 auf Wunsch des Kardinals Federico Borromeo gegründet, der 1618 durch eine beachtliche Stiftung den Kernbestand der Gemäldegalerie stellte. Die weltberühmte Sammlung umfasst wertvolle Kunstwerke aus dem 15., 16. und 17. Jahrhundert.

Auf der breiten Treppe, die von der Vorhalle ins Obergeschoss führt, hat man Reproduktionen der *Pietà* von Michelangelo aus dem Petersdom im Vatikan und des *Laokoon* (Original in den Vatikanischen Museen) auf-

Pinacoteca Ambrosiana, Porträt der Beatrice d'Este, A. de' Predis zugeschrieben (Saal I)

gestellt. Oben auf dem Treppenabsatz zwei große Gemälde des Flamen Paul Bril, *Landschaft mit Anubis* und *Landschaft mit Mutius.* Links befindet sich der Eingang zur Pinakothek. Beim Rundgang durch die Säle werden nur die bedeutendsten Kunstwerke erwähnt.

SAAL I - Der Saal ist der Sammlung des Kardinals Federico Borromeo vorbehalten. *Anbetung der Könige* von Tizian, von dem auch das Gemälde *Mann mit Rüstung* stammt; ferner Werke von Bernardino Luini (*Heilige Familie mit der hl. Anna und dem Johannesknaben, Segnender Christus, Jesuskind mit dem Lamm, Noli me tangere*) sowie Arbeiten von G. Ambrogio De Predis, Andrea Schiavone und Martino Piazza.

SAAL II - Der Saal zeigt Werke von italienischen Malern des 15.-16. Jahrhunderts, u.a. von Bergognone (*Sacra Conversazione, Heilige*), Leonardo da Vinci (*Musiker*), Sandro Botticelli (*Madonna del Padiglione*), Pinturicchio (*Madonna mit Kind und einem Gläubigen*), Marco Basaiti (*Auferstandener Christus*), Cima da Conegliano (*Daniel in der Löwengrube*), Bartolomeo Vivarini (*Christophorus-Altar*).

SAAL III - Der Saal dokumentiert die lombardische Malerei des 15.-16. Jahrhunderts. Bedeutende Künstler: Marco d'Oggiono (*Madonna mit Kind und Heiligen*), Bramantino (*Anbetung des Kindes, Vesperbild, Thronende Madonna mit Kind und Heiligen*), Giampietrino (*Anbetung des Kindes mit dem hl. Rochus, Madonna mit Kind*) und Bernardino Luini (*Stillende Muttergottes*).

SAAL IV - Auch dieser Saal beherbergt Werke aus der Sammlung des Kardinals Federico Borromeo. Dazu gehören Kopien nach Giorgione und Tizian *(Bildnis eines Jünglings, Ecce Homo), Bildnis eines Mannes* von einem flämischen Künstler des 16. Jahrhundert, ein Gemälde von Jacopo Bassano (*Ruhe auf der Flucht nach Ägypten*) und eine *Madonna mit Kind und Heiligen* von Francesco Vecellio.

SAAL V - Der Saal zeigt Kartons von Raf-

Pinacoteca Ambrosiana, Bildnis eines Musikers von Leonardo da Vinci (Saal II)

fael und Werke aus der Borromäus-Sammlung. Erwähnenswert Pellegrino Tibaldi (*Porträts, Geschichten der Vier Gekrönten Heiligen*) und von Giulio Romano (*Die Schlacht Konstantins*). Herausragendes Werk ist der vorbereitende Karton für die *Schule von Athen* von Raffael.

SAAL VI - Weitere Werke aus der Borromäus-Sammlung, u.a. Caravaggio (*Korb mit Früchten*), Sordo (*Christus mit der Dornenkrone, Schmerzensmutter*), Morazzone (*Jesus unter den Schriftgelehrten*), G. Ambrogio Figino (*Porträt des Carlo Borromeo*).

SAAL VII. - Der Saal birgt ebenfalls Werke aus der Borromäus-Sammlung. Hier sind Künstler vertreten wie Paul Bril (*Landschaft*), Lukas von Leiden (*Verherrlichung Davids*), Jan Brueghel (*Landschaften, Daniel in der Löwengrube, Allegorie des Wassers, Allegorie des Feuers*).

SAAL VIII - Der sog. Musensaal beherbergt Gemälde des 14.-16. Jahrhunderts und verschiedene Kunstgegenstände. Beachtenswert: Bartholomäus Spranger *(Bekehrung des hl. Paulus)*, Maestro delle Ta-

vole Barberini (*Hl. Franziskus*), Giovanni Mazone (*Selige Augustinerbischöfe, Johannes d. Täufer*), sowie Arbeiten von deutschen und Mailänder Künstlern.

SAAL IX - Im sog. Säulensaal (Sala delle Colonne) sind Gemälde italienischer Künstler des 16. Jahrhunderts und verschiedene Kunstgegenstände (die sog. Sinigaglia-Sammlung) ausgestellt. Erwähnenswert: Cristoforo Ferrari (*Flucht nach Ägypten*), Antonio Solario *(Der Kopf Johannes d. Täufers)*, Giovanni Agostino da Lodi (*Mariä Himmelfahrt*), Giampietrino (*Verhöhnung Christi, Der Evangelist Johannes*).

SAAL X - Der Saal beherbergt die venezianische Malerei des 16. Jahrhunderts. Sehenswerte Werke: Giovanni Cariani *(Abschied Jesu von seiner Mutter, Aufstieg Christi zum Kalvarienberg)* und *Martyrium des hl. Sebastian* von einem venezianischen Maler aus der Mitte des 16. Jahrhunderts.

SAAL XI - Werke von Künstlern des ausgehenden 15. und 16. Jahrhunderts u.a. der Maestro della Madonna Manchester (*Madonna mit Kind*), G. Paolo Lomazzo (*Christus am Ölberg*), Gerolamo Mazzola Bedoli (*Verkündigung*).

SAAL XII - In der Sala dell'Esedra (Saal der Exedra) fanden Gemälde venezianischer Künstler des 16. Jahrhunderts Aufnahme. Hier sind vertreten: Moretto (*Martyrium des hl. Pietro da Verona, der Evangelist Johannes, König Salomon*, die *Sybille Xamia*), G.B. Moroni (*Porträt des Michel de l'Hospital*).

SAAL XIII - Die Sala Nicolò da Bologna ist italienischen und flämischen Künstlern des 16. und 17. Jahrhunderts gewidmet. Unter anderem werden hier Maler vorgestellt wie Fede Galizia (*Porträt des Paolo Morigia*), Isaac Soreau (*Stilleben*), Jan van Kessel (*Sumpfvögel*), Henrick oder

Barent Avercamp (*Winterlandschaft*), Guido Reni (*Büßende Magdalena*).

SAAL XIV - Hier sind Werke von italienischen Künstlern des 18. Jahrhunderts ausgestellt, u.a. Orazio Borgianni (*Dreihundert christliche Märtyrer*) und Evaristo Baschenis (*Stilleben mit Musikinstrumenten*).

SAAL XV - Der Saal birgt Gemälde von lombardischen Malern des 17. Jahrhunderts. Besonders sehenswert: Giuseppe Vermiglio (*Jaël und Sisera, Judith und Holofernes*), G. Cesare Procaccini (*Erzengel Michael*), Morazzone (*Anbetung der Könige*), Daniele Crespi (*Hl. Filippo Benizzi*).

SAAL XVI - Lombardische Malerei des 17. Jahrhunderts, insbesondere Francesco Cairo (*Sterbende Kleopatra*), Giovanni Serodine *(Weibliche Allegorie)*, C. Francesco Nuvolone (*Magdalena, Susanne und die Alten, Heilige Familie*), G. Cesare Procaccini (*Magdalena*), Daniele Crespi (*Porträt des Manfredo Settala*).

SAAL XVII - Der Saal enthält Werke von italienischen Künstlern des ausgehenden 17. und 18. Jahrhunderts. Beachtenswert: Giandomenico Tiepolo (*Büste eines Bischofs, Darstellung Jesu im Tempel*), G. Francesco Castiglione (*Rebekkas Gang zur Quelle*), Fra Galgario (*Porträt eines Jünglings*), Cesare Ligari (*Moses und die eherne Schlan-*

ge), A. Raphael Mengs (*Porträt Leopolds II. von Habsburg-Lothringen*).

SAAL XVIII - Der Saal beherbergt die Sammlung De Pecis. Zu den bedeutendsten Werken gehören ein Gemälde des Monogrammista VH (*Alte Spinnerin mit Federvieh*), einige Werke von Gambattista Gigola (*Bradamante in der Höhle des Zauberers Merlin, Bernabò Visconti im Schloss von Trezzo, Giovannni Edoardo und Maria De Pecis, Ludovico il Moro am Grab der Beatrice d'Este, die Gesellschaft des Boccaccio*), Gaspare Landi (*Junges Mädchen mit Graburne*), Andrea Appiani (*Porträt der Carolina Pitrot Angiolini*). Besonders beachtenswert sind einige Beispiele der Mailänder Kunst aus verschiedenen Epochen, unter anderem das *Monument für Andrea Appiani, der Einzug Kaiser Franz' I. in Mailand, Pferde, Hebe, Tafelschmuck mit Fischfang*. Exponate der romanischen Kunst (11. Jh.): *Trajan-Säule, Antonius-Säule, Obelisken, Pius VI. auf der Reise nach Wien*. Abschließend seien erwähnt das *Selbstporträt* von Antonio Canova und das *Selbstporträt* von Bertel Thorvaldsen.

SAAL XIX - Dieser Saal ist der italienischen Malerei des 19. Jahrhunderts und des beginnenden 20. Jahrhunderts gewidmet. Andrea Appiani (*Weibliches Bild-*

Pinacoteca Ambrosiana, Korb mit Früchten von Caravaggio (Saal VI)

nis, *Porträt des Napoleon Bonaparte*), Francesco Hayez (*Porträts, Maria Magdalena*), Giovanni Migliara (*Die Kartause von Pavia, Der Friedensbogen in Mailand*), Domenico Induno (*Mädchen an der Quelle, Alter Mann mit Hund*), Girolamo Induno (*Die Porta S. Pancrazio in Rom, Besuch auf dem Feld*), Massimo D'Azeglio (*Alpenszene, Landschaft*), Mosè Bianchi (*Mutterschaft, Der Ausritt, Nonnen am Lido, Das Haus des Pastors, Schafe am Bach, Im Boot, Paolo und Francesca, Flora*), Emilio Longoni (*Vor verschlossenem Schultor*).

SAAL XX - Das "Peristyl" verbindet die Bibliothek mit der alten Sala dei Dottori und kann auf Anfrage besichtigt werden.

SAAL XXI - Hier sind flämische und deutsche Werke des 15.-17. Jahrhunderts zu sehen. Erwähnenswert: der Meister des Tucher Altars (*Maria mit dem Kind*), der Meister der Weiblichen Halbfiguren (*Maria Magdalena*), Andries Daneels (*Maria mit Kind in einem Blumenkranz*), Jan Brueghel d.J. (*Erbsünde, Vertreibung aus dem irdischen Paradies*), Giuseppe Bertini (*Dante-Fenster*), Cornelis van Cleve (*Maria mit dem Kind und Johannesknaben*), Geertgen tot Sint Jans (*Maria mit dem Kind*).

SAAL XXII - Hier werden Skulpturen und Fresken aufbewahrt, u.a. Werke der romanischen Kunst vom 2. bis 4. Jahrhundert (*Sarkophagfragment, Männlicher Kopf, Kinderkopf*), Werke von G. Antonio Piatti (*Plato*) und Bambaia (*Reliefs vom Grabdenkmal für Gaston de Foix, Jesus vor Kaiphas, Ecce Homo, Aufstieg auf den Kalvarienberg, Jesus wird seiner Kleider beraubt*). Beachtenswert auch die Fresken (*Heilige*) eines lombardischen Künstlers, der Ende des 15. und Anfang des 16. Jahrhunderts tätig war.

SAAL XXIII - Der Saal ist zur Zeit noch Gemäldegalerie, wird aber demnächst die wissenschaftlichen Sammlungen des Museo Settala aufnehmen.

SAAL XXIV - Der Luini-Saal ist als Gemäldegalerie vorgesehen und kann auf Anfrage besichtigt werden. Hier befindet sich ein Fresko von Bernardino Luini (*Dornenkrönung*).

Von der Vorhalle aus hat man auch Zugang zur **Biblioteca Ambrosiana**. Die berühmte Bibliothek wurde von Kardinal Federico Borromeo, Bischof von Mailand (den auch Manzoni in seinem Roman "Die Verlobten" rühmt), gegründet und 1609 für Publikum geöffnet. Seiner Initiative verdankt die Bibliothek Handschriften und Bücher aus allen Ländern Europas und Asiens. Die Sammlung wuchs im Laufe der Jahrhunderte an und zählt heute etwa 35.000 Handschriften, 3.000 Inkunabeln und 750.000 gedruckte Bücher. Namhafte Bibiothekare arbeiteten hier, z.B. Muratori, Kardinal Mai und Achille Ratti, der spätere Papst Pius XI. Einige der berühmtesten Handschriften: die *Ilias Picta*, ein griechisch-byzantinisches Manuskript aus dem 5.-6. Jahrhundert mit klassischen Miniaturen; der *Vergil*, der Petrarca gehörte, mit eigenhändigen Anmerkungen des Dichters und Miniaturen von Simone Martini (14. Jh.); Palimpseste von Cicero und Plautus; eine *Göttliche Komödie* aus dem Jahre 1353; der *Irländische Kodex* (Gesetzbuch), der *Provenzalische Kodex*, die gotische Bibel von *Wulfila* sowie der berühmte *Codex Atlanticus* von Leonardo da Vinci. Ferner zahlreiche *Papyri, Stundenbücher, Pergamente* und *Kodizes mit Miniaturmalerei* sowie *Zeichnungen* großer Meister. Außerdem befinden sich hier das *Epistolar des hl. Carlo Borromeo* und seines Vetters, *Kardinal Federico*, das Archiv und die Beccaria-Sammlung.

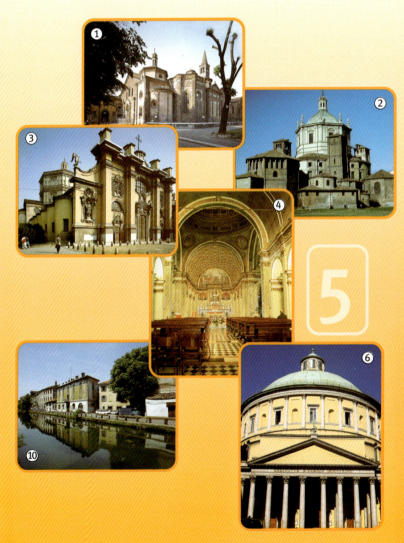

1 Kirche Sant'Eustorgio
2 Basilika San Lorenzo Maggiore
3 Kirche Santa Maria della Passione
4 Kirche Santa Maria presso San Satiro
5 Kirche Santa Maria presso San Celso
6 Kirche San Carlo al Corso

7 Lazarett
8 Kirche San Nazaro Maggiore
9 Kirche San Simpliciano
10 Der Naviglio
11 Ospedale Maggiore

Kirche Sant'Eustorgio

Diese Kirche stellt eines der hervorragendsten mittelalterlichen Bauten in Mailand dar. Das Gründungsjahr ist nicht genau bekannt, und nur wenige Steine sind von der winzigen Basilika noch erhalten, die im 4. Jahrhundert über der Grabstätte des heiligen Bischofs Eustorgius entstanden war und die später in das größere Gotteshaus einbezogen wurde, das gegen Ende des 11. Jahrhunderts in romanisch-cluniazensichem Stil erbaut wurde. Die Kirche wurde dann von Barbarossa fast vollständig zerstört. Er ließ im Jahre 1164 die angeblichen Reliquien der Heiligen Drei Könige nach Köln bringen, die der Überlieferung nach ein Geschenk Kaiser Konstantins an Eustorgius gewesen sein sollten. Im 12. Jahrhundert begann der Wiederaufbau in romanischem Stil. Aus dieser Epoche stammt noch die schöne Apsis mit den oberen Bögen am Außenwerk. Umfangreichere Arbeiten fanden zunächst 1220 statt, als die Dominikaner die Kirche übernahmen, und später im Jahre 1252, als man einen völligen Umbau begann, der mehrere Jahrhunderte dauerte. An der rechten Langseite wurden Familienkapellen angegliedert, von denen die drei ersten dem 15. Jahrhundert angehören. Die sich an-

Kirche Sant'Eustorgio, Luftaufnahme

Kirche Sant'Eustorgio, Seitenansicht

schließenden Kapellen mit dem spitzen Dach, den Arkaden im unteren Teil sowie den ein- und zweigeteilten Fenstern sind aus dem 14. Jahrhundert. Die vorsprigenden Kapellen, die das Querschiff bilden, gehören dem 13. Jahrhundert an. Hinter der romanischen Apsis erhebt sich der 75 m hohe, spitze Glockenturm, der in der Zeit von 1279-1309 in lombardischem Stil und mit zweibogigen Fenstern im Glockengeschoss erbaut wurde. Hinter der Kapelle des 15. Jahrhunderts taucht das anmutige Außenwerk der berühmten *Cappella Portinari* aus der gleichen Epoche auf, die aus einem viereckigen Baukörper mit polygonalem Tambour besteht. Die Fassade ist eine moderne Neuschöpfung aus dem Jahre 1863-65,

hat drei Portale und fünf Fenster, von denen die beiden äußeren und das mittlere Zwillingsfenster sind. Das Gesims mit den kleinen Backsteinbögen gehört zur antiken Fassade. An der linken Ecke befindet sich eine teilweise auf einer Säule stehende, steinerne Ädikula aus dem Jahr 1597, die eine frühere aus Holz ersetzt, von der alten Berichten zufolge der hl. Petrus Martyr gepredigt haben soll.

Das Innere - Der 70 m lange und 24 m breite Kirchenraum ist dreischiffig und wird durch hohe Pfeiler, deren Kapitelle (11.-12. Jh.) charakteristische Motive mit Ungeheuern und Ornamenten tragen, in acht Joche geteilt. Interessant das Kapitell des vierten Pfeilers rechts, das die

Kirche Sant'Eustorgio, Ädikula an der Fassade

Überführung des Sarkophags der Heiligen Drei Könige darstellt. Nach der dritten Kapelle im rechten Seitenschiff sind die Joche in die folgenden Kapellen einbezogen. Die erste, die Kapelle der *Familie Brivio*, wurde 1484 erbaut und im 19. Jahrhundert restauriert. An der linken Wand *Grabdenkmal des Giovanni Stefano Brivio* (gest. 1484), ein Werk von Francesco Cazzaniga in Zusammenarbeit mit seinem Bruder Tommaso und Benedetto Briosco (1486). - Die zweite

Kirche Sant'Eustorgio, Innenraum

Kapelle, der *Familie Torelli* gewidmet, entstand im Jahre 1424. Die Statue des *hl. Dominikus* am Altar ist von Carlo Rainoldi (1736), der auch das Relief auf dem Antependium schuf. An der linken Wand, *Grabmal des Pietro Torelli* (gest. 1412), ein wunderbares Werk eines Meisters aus Campione. Die Wandfresken sind von Giovanni Mauro Fiammenghino. - Die dritte Kapelle, die im 18. Jahrhundert von Francesco Croce im Barockstil neu errichtet wurde, bewahrt

Kirche Sant'Eustorgio, zerlegtes Triptychon mit Maria und Kind zwischen den Heiligen Jakobus und Augustinus von Bergognone (1. Kapelle)

an der linken Wand den wieder zusammengesetzten *Sarkophag des Protaso Caimi* von Bonino da Campione (um 1360). Darüber der *hl. Ambrosius zu Pferde* von Ambrogio Figino. An der rechten Wand Altarbild aus dem 18. Jahrhundert, *Madonna und Dominikanerheilige*. In der vierten Kapelle, die der *Familie Visconti* gewidmet ist, befindet sich das großartige *Mausoleum von Stefano Visconti* (gest. 1327) und seiner Frau Valentina Doria (gest. 1359), ein Werk von Giovanni di Balduccio da Pisa und Bonino da Campione, der lediglich den Sarkophag nach dem Tode der Gemahlin umarbeitete. Oben an der Wand, über dem Mausoleum, der *Hl. Georg und die Prinzessin*, das

Meisterwerk eines lombardischen Malers des 14. Jahrhunderts. Auch die Fresken am Gewölbe und an der linken Wand stammen von lombardischen Künstlern des 14. Jahrhunderts. Unterhalb der Fresken ein wertvolles *Kruzifix* auf geschnittenem Holz von einem emilianischen Meister des frühen 14. Jahrhunderts. - In der fünften Kapelle, am Altar, *Madonna mit Kind und Heiligen*, ein Cerano zugeschriebenes Werk. - In der sechsten Kapelle, die dem jüngeren Zweig der *Familie Visconti* gewidmet ist, rechts das *Grabmal von Gaspare Visconti* (gest. 1434), ein Werk des frühen Quattrocento, wahrscheinlich von einem rheinischen Meister. Links das *Grabmal*

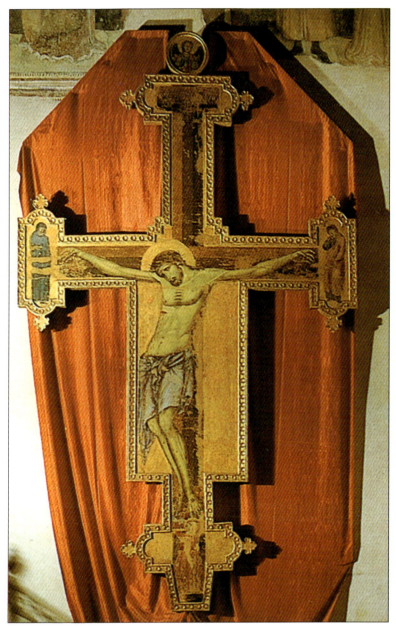

Kirche Sant'Eustorgio, Kruzifix, das Werk eines emilianischen Meisters (4. Kapelle)

von Umberto Visconti mit Sarkophagreliefs und einer *Pietà* darüber von Bonino da Campione. Darunter *Grabplatte* mit der Liegefigur von *Agnese Besozzi*, der zweiten Frau von Gaspare Visconti, ein Werk von Jacopino da Tradate (1420). - In der siebten Kapelle, der Familienkapelle *Torriani*, Gewölbefresken des 15. Jahrhun-

Kirche Sant'Eustorgio, Der Bethlehemitische Kindermord von Cristoforo Storer

derts, die in den fünfziger und sechziger Jahren des 20. Jahrhunderts restauriert wurden. - Vom rechten Querschiff, wo über den beiden linken Bögen ein Luini zugeschriebenes Fresko, *Anbetung der Heiligen Drei Könige*, zu sehen ist, gelangt man in die *Cappella dei Magi*. Hier befindet sich rechts der herrliche, romanische *Sarkophag*, in dem bis zum Jahre 1164 die angeblichen Reliquien der Heiligen Drei Könige aufbewahrt wurden, bis sie in jenem Jahr nach Köln gebracht wurden. Über dem Altar ein Aufsatz in Form eines Triptychons mit Reliefdarstellungen aus dem *Leben der Heiligen Drei Könige*, das Werk eines paduanischen Meisters aus dem 14. Jahrhundert. - Vom Presbyterium erreicht man eine Art Krypta aus dem Jahre 1537, für die man die Säulen des 15. Jahrhunderts aus dem angrenzenden Dominikanerkloster verwendete. Die Wandfresken zeigen eine Reihe von *Heiligen* und die *Legende der Siebenschläfer* von lombardischen Malern des 16. Jahrhunderts. - Rechts kommt man in eine 1575 erbaute Kapelle während man links einen kreuzgewölbten, breiten Gang entlanggeht, wo eine einfarbige Steinstatue des *hl. Eugen* aus dem 13. Jahrhundert steht. Die Tür links führt in die **Sakristei**, in der wunderschöne, holzgeschnitzte Schränke aus dem 17. Jahrhundert zu sehen sind. Der Gang führt in einen Raum, der als Vorhalle für die gegenüberliegende Portinari-Kapelle sowie für die beiden gotischen Seitenkapellen des 14. Jahrhunderts dient. Die Kapelle rechts mit Kreuzgewölbe enthält ein Wandfresko eines lombardischen Meisters aus dem 15. Jahrhundert, das *Jesus und den hl. Dominikus mit einem Andächtigen* darstellt, sowie einen *Hl. Franziskus* von Chignoli. In der Kapelle links Reste von Fresken von Daniele Crespi und *Madonna mit Kind* von einem Maler des 15. Jahrhunderts.

Kirche Sant'Eustorgio, Stillende Muttergottes von einem unbekannten lombardischen Künstler (15. Jh.)

Durch einen Bogen, der von zwei Bronzekandelabern flankiert wird, betritt man die **Portinari-Kapelle**, die dem hl. Petrus Martyr gewidmet ist. Dieses architektonische Meisterwerk im Stil der toskanischen Frührenaissance ließ der Florentiner Edelmann Pigello Portinari, Prokurator der Medici-Bank, im Jahre 1462 erbauen, um dort die Reliquien des hl. Petrus Martyr aufzubewahren und für sich selbst eine Grabstätte zu schaffen. Es ist nicht ganz sicher, wer der Erbauer war, aber bedeutende Kunstgeschichtler schreiben die Kapelle dem Florentiner

Architekten Michelozzo Michelozzi zu, der gerade zu jener Zeit in Mailand an der Ausschmückung des Bankgebäudes von Portinari arbeitete. Der viereckige Innenraum mit einer Kapelle für den Altar wird von einer Kuppel überdeckt. Um den Tambour der Kuppel verläuft eine zierliche Loggia mit einer Reihe von *Engeln mit Girlanden*, eine farbige Stuckarbeit eines lombardischen Bildhauers, nach dem Entwurf eines toskanischen Meisters. Der Freskenzyklus in der Kapelle mit der *Verkündigung, Himmelfahrt* und mit *Episoden aus dem Leben des*

Kirche Sant'Eustorgio, Kuppel der Portinari-Kapelle

hl. Petrus Martyr, ist das Werk eines großen lombardischen Künstlers, Vincenzo Foppa, aus dem Jahre 1468. In der Mitte der Kapelle steht der berühmte *Sarkophag des Heiligen Petrus Martyr,* ein wunderschönes Werk von Giovanni di Balduccio da Pisa (1336-39), das die sterblichen Reste des Heiligen enthält. Der Sarkophag aus weißem Marmor ist mit Reliefdarstellungen aus dem Leben des Heiligen verziert und ruht auf acht Pfeilern, an die sich acht Statuen mit Symboldarstellungen der Tugenden lehnen. Über dem Sarkophagdeckel in Form einer stumpfen Pyramide erhebt sich ein dreiteiliger Tabernakel mit den Statuen der *Madonna mit Kind,* des *hl. Dominikus* und des *hl. Petrus Martyr.* In der kleinen Kapelle links von der Altarkapelle wird in einem kostbaren, silbernen Tabernakel der Schädel des Heiligen aufbewahrt. - Wir gehen zurück zum Presbyterium und sehen im linken Seiten-

schiff in den Kapellen Reste abgenommener Fresken des 13.-15. Jahrhunderts. Außerdem in der siebten Kapelle eine *Kreuzabnahme* von Camillo Procaccini; in der fünften Kapelle *Grabmal für G.P.*

Kirche Sant'Eustorgio, Sarkophag des hl. Petrus Martyr in der Portinari-Kapelle

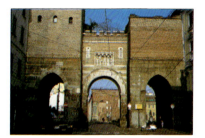

Porta Ticinese in der Nähe der Basilika San Lorenzo

Varisio aus dem 15. Jahrhundert und eine *Grabplatte des Bischofs Federico Maggi* (gest. 1333), ein Werk aus Campione.

Basilika San Lorenzo Maggiore

Auf dem Platz vor der Basilika stehen sechzehn *Säulen*, die aus einem römischen Tempel des 2.-3. Jahrhunderts n. Chr. stammen und hier im 4. Jahrhundert als Atrium vor der Basilika aufgestellt wurden. Sie bilden das wichtigste Zeugnis der romanischen und frühchristlichen Kunst in Mailand. Hinter den Säulen liegt der große Platz, in dessen

Standbild des Konstantin auf dem Platz vor der Basilika San Lorenzo

Römische Säulen des vierseitigen Portikus vor der Basilika S. Lorenzo

Blick von der Piazza Vetra zur Basilika San Lorenzo Maggiore

Mitte ein Bronzestandbild des *Kaisers Konstantin* steht (eine Kopie der gleichen Statue im Lateran). Dieser Kaiser erließ im Jahre 313 von Mailand aus das berühmte Edikt, das den Christen die Religionsfreiheit zusicherte. Die Basilika entstand Mitte des 4. Jahrhunderts als arianische Kathedrale von Mailand und ging im 5. Jahrhundert zur katholischen Liturgie über. Die Kirche ist ein bemerkenswertes Beispiel für den antiken, majestätischen Zentralbau des christli-

Basilika San Lorenzo Maggiore, Fassade

chen Abendlandes. Verheerende Brände im 11. und 12. Jahrh. zerstörten die Basilika. Zur Zeit der Romanik wurde sie renoviert, und nach einem schweren Einsturz im 16. Jahrhundert wurde schließlich eine gründliche Restaurierung notwendig. Martino Bassi übernahm die Arbeiten und fügte die Kuppel (1574) hinzu, behielt jedoch die alte Struktur des von vier Türmen eingeschlossenen Zentralbaus bei. Die moderne Fassade mit Portikus stammt von Cesare Nava (1894).

Basilika San Lorenzo Maggiore, Detail der Mosaiken in der Cappella di S. Aquilino

Das Innere, feierlich und majestätisch mit der mächtigen Kuppel und den vier

Basilika San Lorenzo Maggiore, Cappella di S. Aquilino

Exedren, hat ein breites Deamabulatorium (Wandelgang) mit Matroneen und erinnert an S. Vitale in Ravenna. Auf der rechten Seite sind noch Spuren von romanischen Pfeilern sichtbar; hinter der ersten Kapelle liegt die viereckige Vorhalle mit zwei Apsiden und Mosaikresten des 9. Jahrhunderts; außerdem befinden sich hier Fresken eines lombardischen Meisters des 14. Jahrhunderts, *Kreuzigung und Heiligenfiguren*. Eine *römische Tür* aus dem 1. Jahrhundert n. Chr. führt in die **Cappella di S. Aquilino**. Die gleichzeitig mit der Kirche im 4. Jahrhundert entstandene Kapelle hat

einen achteckigen Grundriss, Nischen, Matroneen und eine Kuppel. In den beiden hinteren Nischen römisch-christliche Mosaiken des 4. Jahrhunderts, *Jesus unter den Aposteln* und eine fragmentarische Szene der *Entführung des Elias*. In den anderen Nischen frühchristliche Sarkophage; rechts ein Sarkophag aus dem 5. Jahrhundert, der die sterbliche Hülle der Galla Placidia enthalten haben soll. Das Lünettenfresko des Eingangsbogens enthält eine *Pietà*, die Bergognone zugeschrieben wird. Eine Treppe führt zu den *Matroneen*, die mit Fresken aus dem 4. Jahrhundert geschmückt sind. Von der rückwärtigen Kapelle aus, wo in einem silbernen *Sarg* die sterbliche Hülle des *Hl. Aquilinus* bewahrt wird, steigt man in einen großen unterirdischen Raum hinab, in dem sich Steinblöcke eines römischen Gebäudes des 2. Jahrhunderts befinden. - Gehen wir zurück in die Kirche. In der Nähe des Kapelleneingangs erscheint an der Wand eine wunderbare *Kreuzabnahme*, ein Fresko aus dem 13. Jahrhundert. Dem Wandelgang folgend durchschreitet man den Turm, dessen Pfeiler mit Fresken bemalt sind; rechts das *Robiani-Grab* aus dem 15. Jahrhundert. Weiter vorn liegt die **Cappella Cit-**

tadini romanischen Ursprungs, die im 15. Jahrhundert gotischen Charakter bekam. In dieser Kapelle befinden sich Freskenreste des 13. Jahrhunderts und hinter dem Altar ein Relief-Triptychon aus dem 15. Jahrhundert. Dem Wandelgang weiter folgend sieht man hinter dem Hauptaltar die **Cappella di Sant'Ippolito** aus dem 4. Jahrhundert. Der Grundriss des Innenraumes hat die Form eines griechischen Kreuzes. Unter dem nächsten Turm steht das *Grab von Giovanni del Conte*, ein Werk von Marco d'Agrate und Vincenzo Seregni. Es folgt die **Cappella di S. Sisto**, der ein kleines Atrium vorgelagert ist. Die im 5. Jahrhundert errichtete Kapelle besitzt einen achteckigen Grundriss; die Deckebemalung stammt von Storer (17. Jh.).

Kirche Santa Maria della Passione

Der Bau dieser großen Kirche wurde gegen Ende des 15. Jahrhunderts von Giovanni Battagio begonnen. Die Kirche hat einen Grundriss in Form eines griechischen Kreuzes. Die mächtige Kuppel wurde 1530 vollendet. Gegen Ende des 16. Jahrhunderts erhielt Martino Bassi den Auftrag, die Kirche zu erweitern und verlängerte den vorderen Teil, indem er den Grundriss in ein lateinisches Kreuz verwandelte.

Das Innere liegt über dem Grundriss eines lateinischen Kreuzes. Der Hauptarm wird durch Pfeiler in drei Schiffe geteilt. An den Pfeilersockeln hängen ein-

Kirche Santa Maria della Passione, Fassade

Kirche Santa Maria della Passione, Innenraum

gerahmte Gemälde mit Halbfiguren von *Heiligen* und *Mönchen aus dem Lateranorden* von Daniele Crespi. Die Kapellen der Seitenschiffe sowie des Querschiffes enthalten wertvolle Gemälde von Künstlern des 16.-17. Jahrhunderts. In der dritten Kapelle rechts, *Offertorium* von Daniele Crespi und *Dornenkrönung* von Cerano. - Fünfte Kapelle, Fresko des 16. Jahrhunderts, die sog. *Madonna della Passione*, nach diesem Wandgemälde, einem Geschenk des Erzbischofs und Gründers Daniele Birago, ist der Kirche benannt. - Sechste Kapelle, *Madonna di Caravaggio* von Bramantino. - Auf den Sockeln der Halbsäulen des weiten Kuppelachtecks, Gemälde von Daniele Crespi, *Darstellungen aus der Leidensgeschichte*. - In der Kapelle des rechten Querarmes *Grablegung*, ein Werk von Bernardino Luini (1516); an der rechten Wand *Jesus unter den Aposteln*, Teil eines Polyptychons, möglicherweise von Bergognone; die Fresken in der Apsis, *Madonna am Grabe* und *Noli me tangere* sowie die Gewölbefresken mit Darstellungen von *Propheten* und *Bibelszenen* sind

von Antonio Campi. - In einer Nische unter der Orgel rechts vom Presbyterium, *Grabdenkmal für den Erzbischof Daniele Birago*, den Gründer der Kirche, ein Werk von Andrea Fusina (1495). - An den Wänden und in den oberen Lünetten der Sakristei, Fresken von Bergognone. - In der Apsis geschnitztes Chorgestühl (16. Jh.), zwei Gemälde von Francesco Lanfranco, *Auferstehung und Himmelfahrt*, sowie Fresken von Nuvolone: in der Halbkuppel *Marienkrönung* und an den Gewölben *Evangelisten und Sybillen*. - Am Altar in der Kapelle des linken Querschiffes, das *Letzte Abendmahl* von Gaudenzio Ferrari (1543); an der Wand *Kreuzigung* von Giulio Campi. - Im linken Schiff wertvolle Gemälde, unter anderem von Daniele Crespi das *Fasten des hl. Karl* in der ersten Kapelle. Im anschließenden **Museo della Basilica**, das in den siebziger Jahren des 20. Jahrhunderts gegründet wurde und Zeugnisse aus der Geschichte des Kirchenbaus sowie Gemälde der lombardischen Schule des 17. Jahrhunderts bewahrt.

Kirche Santa Maria presso San Satiro

Die erste Kirche wurde von Erzbischof Ansperto im Jahr 876 gegründet. Es handelte sich um einen kleineren Bau auf einem Stück Land, das seiner Familie gehörte. Den Wiederaufbau begann Bramante im Jahre 1478, der die achteckige Sakristei, heute Taufkapelle, hinzufügte. Die Fassade, die Amadeo im Jahre 1486 nach einem Entwurf Bramantes begann, blieb unvollständig und wurde in moderner Form von Giuseppe Vandoni 1871 vollendet. Die von Amadeo entworfenen Reliefs für die Rundbilder sind heute im Castello Sforzesco untergebracht. Interessant das Außenwerk des rückwärtigen Teils mit den beiden Seitenportalen und dem zylinderförmigen Vierungsturm, der von einer eleganten Laterne gekrönt wird. Rechts die malerische Cappella della Pietà aus dem 15. Jahrhundert; der zylindrische Bau mit Nischen wird von einem achteckigen Vierungsturm überragt. Daneben erhebt sich der Kampanile des 11. Jahrhunderts, ein Prototyp der lombardischen Glockentürme.

Das Innere - Trotz der bescheidenen Ausmaße hat das Gotteshaus edle Formen und wirkt wunderbar geräumig. Der Raum hat drei Schiffe mit Pfeilertrennung und ein Querschiff. Die drei Arme werden von weiten Gewölben überdeckt, über deren Kreuzung sich eine herrliche Kuppel mit Kassettendecke wölbt. Die Gewölbepfeiler in

Stuck hinter dem Hochaltar schaffen eine vollkommene Illusion für die Tiefenwirkung der Apsis. Am Ende des linken Querschiffarmes betritt man die **Cappella della Pietà** aus der Zeit Anspertos, die großenteils ihre ursprünglichen Strukturen aus dem 11. Jahrhundert bewahrt. In einer Nische über dem Altar eine *Kreuzabnahme*, die aus 14 farbigen Terrakottafiguren besteht, ein Werk von Agostino De Fonditis (1483). Rechts vom Eingang *Heilige* und *Madonna mit dem Kind*, Fresken mit byzantinischem Charakter aus dem 10. Jahrhundert. Vom rechten Seitenschiff kommt man in die **Sakristei** oder **Taufkapelle**, eine elegante Schöpfung von Bramante mit achteckigem Grundriss, zwei übereinander liegenden Loggien und Kuppel. Die *Putten, Engel* und *männlichen Büsten* im oberen Fries aus farbiger Terrakotta wurden von Agostino de Fondutis nach Vorbildern von Bramante ausgeführt.

Kirche Santa Maria presso San Satiro, Innenraum

Kirche Santa Maria presso San Celso

Der Kirche vorgelagert ist eine große elegante Säulenvorhalle (1513); daneben die Reste der antiken Kirche San Celso aus dem 10. Jahrhundert mit wuchtigem romanischem Kampanile des 13. Jahrhunderts. 1493 begann der Architekt Gian Giacomo Dolcebuono mit dem Bau der Kirche. Später wurde die Bauleitung Cristoforo Solari und Giovanni Antonio Amadeo übertragen, die das Gotteshaus 1505 vollendeten. 1513 erhielt Cesariano den Auftrag, die Kirche zu erweitern, jedoch verwirklichte er nur die Säulenvorhalle,

Kirche Santa Maria presso San Celso

während die Veränderungen im Innern von Cristoforo Lombardo vorgenommen und von Vincenzo Seregni im Jahre 1563 beendet wurden. Die 1565 von Galeazzo Alessi begonnene Fassade führte sein Nachfolger Martino Bassi zu Ende. Die vier Fassadenordnungen werden von einem Tympanon gekrönt. In den Nischen der unteren Ordnung, seitlich der drei Portale, Statuen von *Adam* und *Eva*. Der *Engel*, die *Jungfrau Maria* und das Relief über dem Mittelportal sind Werke von Stoldo Lorenzi, die *Sybillen* über dem Portal, die vier *Propheten* in den seitlichen Nischen, die *Engel* mit der *Madonna* (Kopie) in der Mitte an der Fassadenspitze sowie die Flachreliefs stammen von Annibale Fontana. Der polygonale Vierungsturm mit den Zwillingsfenstern ist von Dolcebuono.

Das Innere - Grundriss über lateinischem Kreuz, drei Schiffe, durch Pfeiler gestützt, mächtiges Tonnengewölbe. Die Kuppel und das Presbyterium sind von einem Deambulatorium (Wandelgang) umgeben. Außer der wunderschönen Dekoration im Stil des 16. Jahrhunderts, vor allem in den Gewölben mit vergoldeten Kassettendecken, enthält die Kirche zahlreiche, wertvolle Kunstwerke. Im Mittelschiff, in den Nischen unten an den Säulen, auf denen die Kuppel ruht, links eine Statue des *Täufers* und rechts *Elias*, beides Werke von Stoldo Lorenzi. An der folgenden Säule der *Evangelist Johannes* von Annibale Fontana; darunter lobende Inschrift des hier begrabenen Künstlers. An der gegenüberliegenden Säule *Madonnenaltar* von Martino Bassi mit einer Statue der *Heiligen Jungfrau* von Fontana (1586), der auch den bronzenen *Kandelaber* links vom Hauptaltar schuf. In der vierten Kapelle des rechten Seitenschiffes *Martyrium der Heiligen Nazarius und Celsus* von Cesare Procaccini (1607). Am Altar des rechten Querarmes die *Heilige Familie*

Kirche Santa Maria presso San Celso, Fassadendetail

und *Hl. Hieronymus* von Paris Bordone. Die Bögen des Deambulatoriums sind mit einer Reihe von Gemälden geschmückt, von denen besonders beachtenswert sind: am vierten Bogen die *Taufe Jesu* von Gaudenzio Ferrari und am siebten Bogen die *Bekehrung des hl. Paulus* von Moretto da Brescia. Der Altar am Kopfende des linken Querarmes besteht aus einem *Sarkophag* des 4. Jahrhunderts, in dem der hl. Ambrosius die sterbliche Hülle des hl. Celsus beisetzen ließ. In der dritten Kapelle des linken Seitenschiffes *Martyrium der hl. Katharina* von Cerano (1603); in der ersten Kapelle, *Anbetung des Kindes* von Bergognone. Über dem Portal *Madonnenstatue* von Annibale Fontana; diese Figur befand sich ursprünglich an der Fassade, die man jetzt durch eine Kopie ersetzte. In der Schatzsakristei werden Kelche, Reliquiare, Monstranzen und sonstiges liturgisches Gerät bewahrt, darunter eine vergoldete Silberamphora, die Benvenuto Cellini zugeschrieben wird. Das *Prozessionskreuz,* das sog. Kreuz von Clairveaux,

ein Werk, aus rotem Japsis, Gold und Gemmen (13. Jh.), hat man an einen diebessicheren Ort verbracht.

Kirche San Carlo al Corso

Auf dem Gelände der ehemaligen Kirche S. Maria dei Servi entstand von 1832-1874 die Votivkirche San Carlo nach einem Entwurf von Carlo Amati. Vor dem Gotteshaus liegt eine korinthische Vorhalle mit zweiseitigem Portikus. Die Kirche hat Zentralbaugrundriss und eine mächtige Kuppel von Felice Pizzagalli. Zwischen den korinthischen Säulen, auf denen die Kuppel ruht, liegen Kapellen in Form von Exedren. In der dritten Kapelle rechts *Kreuzabnahme,* eine Skulpturengruppe, mit der Ferdinand und Franz I. von Österreich Pompeo Marchesi beauftragten (1834-53); in der dritten Kapelle links, *Der Hl. Karl reicht dem hl. Aloysius von Gonzaga die Heilige Kommunion,* ein Werk von Pompeo Marchesi.

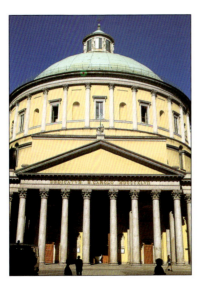

Kirche San Carlo al Corso, Fassade

Gregorio, Via Lazzaretto, Viale Vittorio Veneto und Corso Buenos Aires bildete. Es wurde von den Hauptmännern und Verteidigern der Stadt Mailand als Spital zur Isolierung und Heilung der Pestkranken zur Zeit der Ambrosianischen Republik (1447) entworfen. Die Bauarbeiten unter der Leitung von Lazzaro Palazzi dauerten bis zum Jahre 1513. An den drei Seiten des Säulenganges lagen 288 Zimmer, in der Mitte stand eine kleine Kirche, die nach der Pest von 1576 auf Wunsch des Bischofs Carlo Borromeo in größerer Form wiederaufgebaut und **San Carlo al Lazzaretto** genannt wurde. Der Eingang liegt in der Via Lecco.

Das Lazarett

V on dem alten Lazarett aus der Zeit Manzonis steht nach den Zerstörungen von 1882 nur noch ein Teil des Portikus in der Via San Gregorio. Diese Reste geben eine Vorstellung von dem großartigen Gebäude, das fast ein Quadrat aus den vier Straßen Via San

Das Lazarett

Kirche San Nazaro Maggiore

D ie Gründung dieser Kirche geht auf das 4. Jahrhundert zurück. Sie wurde vom hl. Ambrosius gegründet, der die sterbliche Hülle des hl. Nazarius hierher überführen ließ. Von diesem ursprünglichen Bau zeugen noch die Außenmauern, während alles Übrige im 11. Jahrhundert erneuert wurde. Die Kirche wurde später noch mehrfach verändert und umgebaut, bewahrt jedoch aus der romanischen Epoche den Apsisbereich.

Vor dem **Kircheninnern** liegt die **Grabkapelle der Familie Trivulzio**. Die achteckige Kapelle mit Kuppel wurde im Jahre 1512 von Bramante im Auftrag des Marschalls Gian Giacomo Trivulzio erbaut. In den Nischen acht Gräber mit *Liegefiguren von Verstorbenen der Familie Trivulzio*. Dem Eingang gegenüber steht der *Sarkophag des Gian Giacomo Trivulzio* von Francesco Briosco, der die berühmte Inschrift trägt:

135

Kirche S. Nazaro Maggiore, Fassade

Kirche S. Nazaro Maggiore, Grabkapelle
der Familie Trivulzio

"Qui numquam quievit quiescit; tace"
(Hier ruht ein ewig Ruheloser; schweige.).
Die Kirche hat einen Grundriss in Form
eines griechischen Kreuzes, eine große
Kuppel und eine tiefe Apsis. Von den
Kunstwerken sind besonders erwähnenswert: zwei antike Fresken zu beiden Seiten
des Altars, an der linken Wand, *Madonna
mit dem Kind und dem hl. Matronianus*,
Anfang 15. Jh, und *Christus erscheint der
Magdalena* aus dem 13. Jh. In einer Nische
im rechten Querschiff das *Letzte Abendmahl*, eine Kopie von Lanino nach einem
Werk von Gaudenzio Ferrari. Gegenüber
der *Altar des hl. Matronianus* und an der
Wand *Kreuzigung*, ein Flachrelief von Bonino da Campione. Rechts vom Presbyterium betritt man die kleine *Kapelle des hl.
Linus*, Anfang 10. Jahrhundert. Vom linken Querschiff aus kommt man in die
Kapelle der Hl. Katharina, die 1540
erbaut wurde. Hier befindet sich ein
großes Fresko, *Martyrium der hl. Katharina*,
ein Werk von Lanino aus dem Jahre 1546.

Kirche S. Nazaro Maggiore, Innenraum

San Simpliciano ist eine der schönsten Kirchen von Mailand. Sie wurde im 4. Jahrhundert vom hl. Ambrosius wahrscheinlich auf dem Gelände einer antiken heidnischen Nekropole erbaut. Die Kirche wurde später vom hl. Simplician vollendet, der hier begraben ist. Verschiedene Restaurierungen und Änderungen haben ihr im Laufe der Jahrhunderte den ursprünglichen Charakter genommen, wobei das Außenwerk des frühchristlichen Gebäudes besonders betroffen wurde. Von der

Kirche San Simpliciano, Fassade

1870 restaurierten Fassade ist nur das Mittelportal antik (12. Jh.); auf den Figurenkapitellen des Portals sind die *Prozessionen der klugen und törichten Jungfrauen* dargestellt. Der Glockenturm sowie der Vierungsturm und die Apsis sind aus dem 12. Jahrhundert.

Das dreischiffige **Kircheninnere** trägt vor allem an den Seitenschiffwänden noch sichtbare Spuren des ehemaligen, frühchristlichen Gebäudes. Beachtenswert sind einige Gemälde von Meistern des 16.-17. Jahrhunderts. Auf dem Altar der dritten Kapelle im rechten Seitenschiff der *Hl. Benedikt* von Enea Salmeggia. Auf den Orgelsockeln seitlich des Presbyteriums *Heiligenfiguren* von Aurelio Luini. In der Apsiswölbung ein großes Fresko von Bergognone etwa aus dem Jahre 1515, *Marienkrönung.* Diese herrliche Komposition stellt Gottvater dar, der Jesus und die Madonna in seine Arme schließt, umgeben von einem Kranz von Engeln und Heiligen.

Der Naviglio

Der Naviglio entstand im Jahre 1177, als die Stadt mit einem neuen Mauerring bewehrt wurde. Der Bau dieses Kanals, der die Wasser der Adda und des Tessins regulierte, hatte auch einen praktischen Zweck, nämlich die Bewässerung und Betreibung von Mühlen. Ausserdem diente er der Regulierung der Wasserläufe rund um die Stadt, so dass das heutige Kanalnetz entstand. Diese Wasseradern stützen sich auf den *Naviglio Grande,* der vom Tessin kommt und im Jahre 1269 für den Transport des zum Dombau notwendigen Marmors schiffbar gemacht worden war. Dann gibt es den *Naviglio di Pavia,* den man zur Bewässerung des Schlossparkes von Pavia angelegt hatte, und schliesslich den malerischen *Naviglio della Martesana,* der die Wasser der Adda führte und das Hafenbecken an der Porta Ticinese schuf.

Der Naviglio

Porta Ticinese

Ospedale Maggiore (Ca' Granda)

D as Ospedale Maggiore, von den Mailändern "Cà granda" genannt, entstand aus der Notwendigkeit, die zahlreichen Spitäler (etwa 30) zusammenzufassen, die in der Gegend vom Corso di Porta Romana existierten. Dieses grosse Spital wurde von Francesco Sforza 1456 gegründet und in verschiedenen Epochen erbaut: Von 1456 bis 1497 arbeiteten Filarete, Solari und Amadeo an dem zur Kirche San Nazaro zugewandten Viereck; der zweite Bauabschnitt begann 1624, in dem der mittlere Fassadenteil, der Hof und die Kirche entstanden, und zwar unter der Bauleitung von F.M. Richini, G.B. Pessina, F. Mangone und Cerano; die dritte Bauphase liegt zwischen 1794 und 1804, als die Innenhöfe des zweiten Kreuzganges und die dritte Seite der Fassade durch den Ing. P. Castelli verwirklicht wurden. Das prächtige Bauwerk wurde 1943 stark zerbombt und später wiederhergestellt. Heute befinden sich hier das Rektorat und die *Fakultäten für Philologie, Philosophie* und *Jura der Staatlichen Universität*.

Ospedale Maggiore

Nützliche Hinweise

Nützliche Hinweise

Zur Beachtung

Leider ist es an dieser Stelle nicht möglich, für eine Großstadt wie Mailand sämtliche Infrastrukturen, Institutionen, Betriebe und Unternehmen aufzuzeigen, die für den Tourismus wichtig sind oder diesen als Dienstleistung unterstützen. Unsere Redaktion musste sich deshalb auf eine Auswahl beschränken, die jedoch in keiner Weise ein Werturteil gegenüber denjenigen bedeutet, die unter dieser Rubrik des Stadtführers nicht erwähnt sind.

ANREISE MIT DEM AUTO

Die Hauptstadt der Lombardei liegt mitten in der Poebene und verfügt über ausgezeichnete Anschlüsse an das Autobahnnetz, sowohl was die Querverbindung zwischen Piemont/Aostatal und Friaul/Venezia Giulia als auch die Längsachse betrifft mit Autobahnen von Mailand in Richtung Schweiz, Ligurien und Emilia Romagna. Die wichtigste Autobahn, die das Rückgrat des **Nord-Süd**-Verkehrs in Italien bildet, ist die **A1** (Autostrada del Sole Mailand-Neapel), **Ausfahrt Mailand Süd**. Weitere Autobahnen: die **A4** (Turin-Triest), Ausfahrten **Mailand Ghisolfa** und **Mailand Ost**, eine wichtige Verbindung in der **Ost-West**-Richtung; die **A8** (Mailand-Varese) mit Abzweigung (**A9**) zu den norditalienischen Seen und in die Schweiz (Ausfahrt **Mailand Nord**); l'**A7** (Mailand-Genua), Ausfahrt **Mailand**. Eine weitere der wichtigen Zufahrten, die strahlenförmig auf Mailand zugehen, ist die **SS. 33** (Via dello Spluga), die bis zum Zusammenfluss der Adda in den Lario die Merkmale einer Schnellstraße aufweist. Ein System mit Umgehungsstraßen (Tangenziale) und Autobahnen umschließt die langobardische Hauptstadt in einer Art unregelmäßigem Viereck, von dem zahlreiche Straßen zu den einzelnen Stadtvierteln abzweigen. Die **Umgehungsstraße West (Tangenziale Ovest)** leitet das Verkehrsaufkommen aus Piemont und Ligurien weiter, während die **Umgehungsstraße Ost (Tangenziale Est)** den Verkehrsstrom von der Autostrada del Sole und der Achse Brescia-Verona (Brenner)-Venedig Triest aufnimmt.

ANREISE MIT DEM FLUGZEUG

Seit Oktober 1998 konzentriert sich der überwiegende Teil des Flugverkehrs sowohl auf nationaler als auch internationaler Ebene auf den interkontinentalen Flughafen **Malpensa 2000**. Die neue Flugstation mit den entsprechenden hervorragenden Infrastrukturen ist das Ergebnis eines umfangreichen Projektes für die Erweiterung, Modernisierung und Wiederherstellung des vorhandenen gleichnamigen Flughafens. Der Flughafen Malpensa 2000 liegt 46 km nordwestlich von Mailand. Ende Mai 1999 wurde die direkte Bahnverbindung zwischen dem Hauptbahnhof und dem Flughafen in Betrieb genommen. Ein *Air Pullman*-Service verbindet den Hauptbahnhof (Via Lampugnano) mit dem Flughafen. Fahrtzeit ca. 60 Minuten. Die Busse fahren auch am Bahnhof Lampugnano ab (U-Bahn Linie 1). Der zweite Flughafen der Stadt ist **Linate**, der vor dem Ausbau des Flughafens Malpensa einen beachtlichen Teil des Flugverkehrs abwickelte. Der auch als *Aeroporto Forlanini* bekannte Flughafen liegt 5 km östlich der Stadt. Pendelbusse verkehren zwischen dem Hauptbahnhof und dem Flughafen. Außerdem fährt der Stadtbus 73 (A.T.M.) von der Piazza S. Babila in etwa 35 Minuten zum Flughafen Linate.

ANREISE MIT DER BAHN

Der Mailänder Hauptbahnhof ist zweifellos einer der größten Eisenbahnknotenpunkte Norditaliens und einer der größten Bahnhöfe der gesamten Halbinsel. Die Stadt verfügt damit über ausgezeichnete Bahnverbindungen mit Anschluss an die wichtigsten italienischen und ausländischen Bahnlinien. Der Mailänder **Hauptbahnhof** ist Endstation für die Hauptstrecken des *Eurostar* und ICE-Züge. Der Hauptbahnhof ist an das U-Bahnnetz (Linie 2 und 3) und an den integrierten städtischen A.T.M.-Busverkehr angeschlossen. Weitere wichtige Bahnhöfe sind **Porta Garibaldi** und **Lambrate**, beide an der U-Bahn-Linie 2; **Porta Genova**, **Porta Romana** und **Porta Vittoria**. Der Nordbahnhof, **Ferrovie Nord** (Piazzale Cadorna, U-Bahn-Linie 1 und 2), steht für den Bahnverkehr der Region der Alpenseen und der Brianza zur Verfügung.

ANREISE MIT DEM BUS

Zahlreiche Linienbusse verbinden die Hauptstadt der Lombardei mit den übrigen Provinzstädten der Region. Daneben verkehren regelmäßig Busse auf überregionaler Ebene und zu den bekanntesten Touristen- und Ferienorten. Die Organisation zahlreicher Fahrten mit Tourist-Reisebussen werden gewöhnlich von *Tour Operators* oder Reiseagenturen übernommen.

INFORMATIONEN

☎ 02; ✉ 20100 (für die einzelnen Stadt-
bezirke siehe Postleitzahlbuch)

INFORMATIONSBÜRO

Fiera Milano International
Largo Domodossola, 1
☎ 02/485501 - Fax 02/48004423
A.P.T. del Milanese
Via Marconi, 1
☎ 02/809662 - Fax 02/72022999
**Ente Autonomo Fiera Internazionale
di Milano**
Largo Domodossola, 1
☎ 02/49971 - Fax 02/4997

INFORMATIONSBÜRO FÜR PERSONENVERKEHR

Azienda Trasporti Milanese (ATM)
Foro Bonaparte, 61
☎ 02/8055841

BAHNHÖFE
Stazione Centrale
Piazza Duca d'Aosta ☎ 02/675001
Stazione Porta Garibaldi
Piazza Freud ☎ 02/6552078
Stazione Lambrate
Piazza Bottini ☎ 02/67711
Ferrovie Nord Milano
Piazzale Cadorna ☎ 02/8511608

FLUGHÄFEN
Aeroporti di Milano (SEA)
☎ 02/74851-Fax 02/74852010
Aeroporto di Malpensa 2000
☎ 02/74852200
Alitalia ☎ 02/40099240
Aeroporto di Linate
☎ 02/74852200
Alitalia ☎ 02/24991

TAXI
Taxi Malpensa 2000 ☎ 02/40099029
S. Ambrogio Radio Taxi Data ☎ 5353
Autoradiotassi ☎ 8585
Cooperativa Esperia ☎ 02/8321084
Cooperativa Italiana Taxi
☎ 02/48700207

Cooperativa Tassisti Città di Milano
☎ 02/8263895
Cooperativa Tassisti Associati
☎ 02/3450357
La Base A.S.T.L.A. ☎ 02/26666022
Pronto Taxi ☎ 02/57419128
Taxi Piazza Lega Lombarda
☎ 02/313616
Taxi Piazza Sempione ☎ 02/342132
Taxi Piazza Bottini ☎ 02/2364375
Taxi Corso Lodi ☎ 02/5469092
Taxi Corso Buenos Aires ☎ 02/201770
Taxi Piazzale Lotto ☎ 02/4695119
Taxi Piazza Duomo ☎ 02/86462013

FAHRRADVERLEIH
La Bicycletta
Via Pisanello, 26 ☎ 02/4072396

MIETAUTOS
Frigerio Viaggi - Via C.Poerio, 29
☎ 02/29514647 - Fax 02/29513952
Avis - Piazza Diaz, 6 ☎ 02/863494
Avis - Malpensa 2000 ☎ 02/40099375
Avis - Linate ☎ 02/717214
Maggiore - Stazione Centrale
☎ 02/6690934
Maggiore - Malpensa 2000
☎ 02/40099330
Maggiore - Linate ☎ 02/717210
Vip Limousine - Via Bonnet, 6
☎ 02/6592158
Auto Europa - Via Tunisia, 23
☎ 02/29403525
Autonoleggio Tirreno - Via Lepetit, 31
☎ 02/6694011
Italauto - Via Corelli, 56
☎ 02/70200393
Travelcar ☎ 02/313178
Eurocar - Gall. Sala dei Longobardi, 2
☎ 02/86462641
Europcar ☎ 02/70399700

Hertz Italiana - Via Progresso, 3
☎ 02/67073236
Sixt - Via Boccaccio, 21
☎ 02/468348
Sixt - Malpensa 2000 ☎ 02/40099481
Sixt - Linate ☎ 02/70200266

PARKHÄUSER

Autosilo della Moscova
Via Moscova,47 ☎ 02/6570049
Autosilo di Porta Nuova
Via S. Marco, 28 ☎ 02/6570114
Mascagni Parking
Via Mascagni, 6 ☎ 02/794600
Statuto Parking
Via Statuto, 21 ☎ 02/6555525
Ambrosiano
Via Bazzini, 16 ☎ 02/2666219
Autogarage Bottego
Via Bottego, 15 ☎ 02/2564779
Central Parking
Via Lepetit, 8/10 ☎ 02/66484709
Fergo
Via Gozzi, 5 ☎ 02/7383443
Mediolanum
Via Copernico, 55 ☎ 02/67075215
Città Parcheggio
Via Rogoredo, 128 ☎ 02/510445
Porta Romana
Viale Monte Nero, 16a ☎ 02/59901389
Sea Parking
Via Forlanini ☎ 02/7561258
Città Parcheggio
Via Lorenteggio, 208a ☎ 02/4150656
Internazionale
Via Valparaiso, 8 ☎ 02/4812109
Fiera
Viale Cassiodoro, 26 ☎ 02/48014118
Nord Milano
Corso Sempione, 23 ☎ 02/312026

Nützliche Hinweise

Autosilo Bassidue
Via U. Bassi, 6 ☎ 02/6081233
New Parking Principe
Via Principe Eugenio, 12 ☎ 02/315389

PARKPLÄTZE

Wie alle Großstädte hat auch Mailand ein nicht unbeträchtliches Verkehrsproblem zu bewältigen. In der Stadt findet man praktisch keinen Parkplatz (darüber hinaus ist das historische Zentrum - außer für Anlieger - für den Verkehr gesperrt). Autofahrer mit Kennzeichen anderer Provinzen können versuchen, einen der (kostspieligen) Parkplätze mit Zeitlimit ausfindig zu machen; diese Parkplätze werden mit dem sogenannten **"gratta e sosta"**-System verwaltet (die Parkscheine werden abgeschabt, so dass das Datum und die Ankunftszeit erscheinen, und sind dann gut sichtbar auf das Armaturenbrett zu legen). Es empfiehlt sich aber, den Wagen außerhalb des Kanalringes der Navigli abzustellen und dann ein öffentliches Verkehrsmittel zu benutzen, oder aber die am Stadtrand in der Nähe von U-Bahn-Stationen angelegten Parkplätze aufzusuchen, so dass man auf die Metro umsteigen kann. Solche Parkplätze befinden sich an der Linie 1 (Bahnhöfe Molino Dorino, Lampugnano, Bisceglie, Sesto Marelli und Pagano); an der Linie 2 (Bahnhöfe Cologno, Gessate, Cascina Gobba, Crescenzago und Romolo); an der Linie 3 (Bahnhöfe Rogoredo und San Donato).

WICHTIGE TELEFONUMMERN

Polizei/Einsatz:
Notruf ☎ 113
Staatspolizei (Präsidium):
Via Fatebenefratelli, 11 ☎ 02/62261

Verkehrspolizei:
Via Jacopino da Tradate, 1 ☎ 02/326781
Karabinieri: - Notruf ☎ 112
Karabinieri - Via Marcora, 1 ☎ 02/62761
Erste Hilfe:
Ambulanz ☎ 118 - **Notarzt** ☎ 02/34567
Notarzt/Kardiologie ☎ 02/89406035/6
Zentrum für Vergiftungen ☎ 02/66101029
Zentrum für Verbrennungen ☎ 02/64442625
Croce d'Oro
Piazzale Ferrara, 4 ☎ 02/57402525
Croce Rosa-Celeste
Via Castelvetro, 32 ☎ 02/3319845
Croce Verde Musocco
Piazzale S. Santarosa, 10
☎ 02/38006468
Croce Verde Sempione
Piazzale S. Santarosa, 10
☎ 02/38006477
Ente Ospedaliero Niguarda Ca' Granda
Centro Antiveleno
Piazza Ospedale Maggiore, 3
☎ 02/66101029
Ente Ospedaliero Ospedale
Fatebenefratelli e Oftalmico
Corso P.ta Nuova, 23 ☎ 02/63631
European School of Oncology
Via Ripamonti, 436 ☎ 02/57410245
Fatebenefratelli
C.so P.ta Nuova, 23 ☎ 02/6572898
02/29017027 - 02/29017028
02/29017029

**Fondazione Centro San Raffaele
del Monte Tabor**
Via Olgettina, 60 ☎ 02/26431
Fondazione P.J. Don C. Gnocchi
Via Capecelatro, 66 ☎ 02/403081
**Generale Provinciale Ente Ospedaliero
S. Carlo Borromeo**
Via Pio II, 3 ☎ 02/40221
**Generale Regionale Ente Ospedaliero
Niguarda Ca' Granda**
Piazza Ospedale Maggiore, 3 ☎ 02/64441
**Istituto di Ostetrica-Ginecologia
e Pediatria Regina Elena**
Via Fanti, 6 ☎ 02/5516352 - 02/57911
**Istituto Nazionale per la Cura
e lo Studio dei Tumori**
Via Venezian, 1 ☎ 02/2367412
Istituto Neurologico Carlo Besta
Via Celoria, 11 ☎ 02/23941
Istituto Ortopedico Gaetano Pini
Piazza Ferrari, 1 ☎ 02/582961
Maggiore di Milano
Via Sforza, 35 ☎ 02/55180005
Maggiore di Milano
Via Lamarmora, 5 ☎ 02/55188962
Niguarda
Piazza Ospedale Maggiore, 3
☎ 02/66102206
San Giovanni di Dio
Via Esopo, 7 ☎ 02/27002336
San Raffaele
Via S. Croce, 10 ☎ 02/581871
ACI-Pannenhilfe: ☎ 116 **Flughäfen:**
Aeroporto di Malpensa 2000
☎ 02/74852200
Aeroporto di Linate ☎ 02/74852200
Feuerwehr:
Einsatz ☎ 115
Feuerwehr:
Via Messina, 35-39 ☎ 02/3190501
Stadtpolizei:
Piazza Beccaria, 19 ☎ 02/77271

Bahnpolizei:
Corso Magenta, 24 ☎ 02/86453156
Eisenbahn: Reiseauskunft
(Hauptbahnhof) ☎ 02/675001
Rathaus:
Piazza della Scala, 2 ☎ 02/86453156
Tourist-Information: ☎ 02/809662

BANKEN UND KREDITINSTITUTE

Banca Commerciale Italiana
Piazza della Scala, 6
Banca di Roma
Via Lauro, 9
Banca d'Italia
Via Cordusio, 5
Banca Fideuram
Corso di Porta Romana, 16
Banca Mediolanum
Piazza De Angeli, 1
Banca Nazionale del Lavoro
Piazza S. Fedele, 1/3
Banca Nazionale dell'Agricoltura
Piazza Fontana, 4
Banca Popolare di Milano
Corso Buenos Aires, 36
Banca Toscana
Foro Bonaparte, 12/8
Banco Ambrosiano Veneto
Piazza P. Ferrari, 10
Banco di Napoli
Piazza Cordusio, 2
Banco di Sicilia
Via Massarani, 7
Carige
Piazzetta Pattari, 1
Cariplo
Via Ripamonti, 166
Istituto Bancario Italiano
Viale Monza, 14

Nützliche Hinweise

Istituto Bancario San Paolo di Torino
Via Broletto, 9/11
Mediobanca
Via Filodrammatici, 10
Monte dei Paschi di Siena
Via S. Margherita, 11
Rolo Banca
Via Cordusio, 3
Unicredito Italiano
Piazza Cordusio

AGRITURISMO UNTERNEHMEN

Agriturismo Ca' del Conte
Cascina Ca' Del Conte
San Martino in Strada ☎ 0371/36291
Brambilla - Cascina Trecascine
Via Trecascine, 67 - Lodi
☎ 0371/424855 - Fax 0371/424855
Cascina Caremma
Via Cascina Caremma - Besate
☎ 02/9050020 - Fax 02/9050020
Di Leo
V.le Suzzani, 250 - Milano
☎ 02/6425845
In Mezzo Al Verde
Via Roma, 13 - Ozzero
☎ 02/9407436

HOTELS

✶✶✶✶✶
Duca di Milano
Piazza della Repubblica, 13
☎ 02/62841 - Fax 02/6555966
Four Seasons - Via Gesù, 8
☎ 02/77088 - Fax 02/77085000
Grand Hotel et de Milan - Via Manzoni, 29
☎ 02/723141 - Fax 02/86460861
Palace - Piazza della Repubblica, 20
☎ 02/63361 - Fax 02/654485
Principe di Savoia
Piazza della Repubblica, 17
☎ 02/62301 - Fax ☎ 02/6595838

✶✶✶✶
Ambasciatori - Galleria del Corso, 3
☎ 02/76020241 - Fax 02/782700
Carlton Senato - Via Senato, 5
☎ 02/76015535 - Fax 02/783300
Excelsior Gallia - Piazza Duca d'Aosta, 9
☎ 02/67851 - Fax 02/66713239
Grand Hotel Duomo - Via S. Raffaele, 1
☎ 02/8833 - Fax 02/86462027
Grand Hotel Fieramilano
Viale Boezio, 20
☎ 02/336221 - Fax 02/314119
Hilton - Via Galvani, 12
☎ 02/69831 - Fax 02/66710810

Holiday Inn Milan
Via Lorenteggio, 218
☎ 02/410014 - Fax 02/48304729
Ibis Ca' Granda - Viale Suzzani, 13/15
☎ 02/66103000 - Fax 02/66102797
Ibis Centro - Via Zarotto, 8
☎ 02/6315 - Fax 02/6598026
Jolly President - Largo Augusto, 10
☎ 02/77461 - Fax 02/783449
Jolly Touring - Via Tarchetti, 2
☎ 02/6335 - Fax ☎ 02/6592209
Leonardo da Vinci - Via Senigallia, 6
☎ 02/64071 - Fax 02/64074839
Novotel Milano Est Aeroporto
Via Mecenate, 121
☎ 02/58011085 - Fax 02/58011086
Novotel Milano Nord
Viale Suzzani, 13
☎ 02/66101861 -Fax 02/66101961
Raffaello - Viale Certosa, 108
☎ 02/3270446 - Fax 02/3270440
Royal Mercure - Via Cardano, 1
☎ 02/6709151 - Fax 02/6703024

Starhotel Ritz - Via Spallanzani, 40
☎ 02/2055 - Fax 02/29518679
★★★
Accursio - Viale Certosa, 88
☎ 02/33001270 - Fax 02/39217466
Admiral - Via Domodossola, 16
☎ 02/3492151 - Fax 02/33106660
Ambrosiano - Via S. Sofia, 9
☎ 02/58306044 - Fax 02/58305067
Ariosto - Via Ariosto, 22
☎ 02/4817844 - Fax 02/4980516
Astoria - Viale Murillo, 9
☎ 02/40090095 - Fax 02/40074642
Buenos Aires - Corso Buenos Aires, 26
☎ 02/29400169 - Fax 02/29402494
Canada - Via S. Sofia, 11
☎ 02/58304844 - Fax 02/58300282
City - Corso Buenos Aires, 42/5
☎ 02/29523382 - Fax 02/2046957
Gala - Viale Zara, 89/91
☎ 02/66800891 - Fax 02/66800463
Major - Viale Isonzo, 2
☎ 02/55188335 - Fax 02/55183140

Nuovo Biscione
Via S. M. Fulcorina, 15
☎ 02/8693656 - Fax 02/8056825
Park - Via Massena, 9
☎ 02/312525 - Fax 02/33103675
Roxy - Via Bixio, 4a
☎ 02/29525151 - Fax 02/29517627
Sant'Ambroeus - Viale Papiniano, 14
☎ 02/48008989 - Fax 02/48008687
Scala Nord - Via F. Ferruccio, 10a
☎ 02/316041 - Fax 02/33101473
Vittoria - Via P. Calvi, 32
☎ 02/5456520 - Fax 02/55190246

**
Adler - Via Ricordi, 10
☎ 02/29529795 - Fax 02/29526612
Apollo - Via Ripamonti, 102
☎ 02/5393446 - Fax 02/57303913
Boston - Via Lepetit, 7
☎ 02/6692636 - Fax 02/66981802
Cinque Giornate
Piazza Cinque Giornate, 6
☎ 02/5463433 - Fax 02/5513611
London - Via Rovello, 3
☎ 02/72020166 - Fax 02/8057037
Parma - Via Pier della Francesca, 48
☎ 02/315448 - Fax 02/315466
Vecchia Milano - Via Borromei, 4
☎ 02/875042 - Fax 02/86454292

*
Ambrosiana - Via Plinio, 22
☎ 02/2049670 - Fax 02/29529176
Arlecchino - Via Paganini, 7
☎ 02/29519859 - Fax 02/2047174
Brianza Via P. Castaldi, 16
☎ 02/29404819 - Fax 02/29531145
Capri - Viale dei Mille, 24
☎ 02/713694 - Fax 02/70105859
Manzoni - Via Senato, 45
☎ 02/76021002 - Fax 02/798834

APARTMENTHÄUSER UND FERIENWOHNUNGEN

Contessa Jolanda - Via Murat, 21
☎ 02/69761 - Fax 02/66802368
Lepontina - Via Lepontina, 9
☎ 02/66802508 - Fax 02/66802703
Romana - Corso Porta Romana, 64
☎ 02/58309747 - Fax 02/58309448

RESTAURANTS TRATTORIA - PIZZERIA

Agnello - Via Agnello, 8
☎ 02/86461654
Al Conte Ugolino - Piazza Beccaria, 6
☎ 02/876134
Al Dollaro Stef
Via Paolo da Cannobio, 11
☎ 02/804138
Al Porto - P.le Cantore
☎ 02/89407425
Al Vesuvio - Via Ausonio, 23
☎ 02/8394993
Alfio Cavour - Via Senato, 31
☎ 02/780731
Amì Berton - Via Nullo, 14
☎ 02/713669
Antica Trattoria Stomaco di Ferro
Via Osti,4 ☎ 02/877648
Antica Trattoria Triestina
Via S. Vittore, 13 ☎ 02/468355
Bandiere - Via Palermo, 15
☎ 02/86461646
Barbarossa da Flavio - Via Cerva, 10
☎ 02/781418
Biffi Scala e Toulà - Via Filodrammatici, 2
☎ 02/866651 - Fax 02/86461060
Bistrot di Gualtiero Marchesi
Via San Raffaele, 2
☎ 02/877120 - Fax 877035

Boeucc - Piazza Belgioioso, 2
☎ 02/76020224
Cantina Piemontese - Via Laghetto, 11
☎ 02/784618
Caruso del Grand Hotel et de Milan
Via Manzoni, 29 ☎ 02/72314
Casanova Grill dell'Hotel Palace
Piazza della Repubblica ☎ 02/29000803
Charleston - Piazza Liberty, 8
☎ 02/798631
Ciardi - Via San Raffaele, 6
☎ 02/877698
Cinque Terre - Via Andrea Appiani, 9
☎ 02/6575177
Colline Pisane - Largo La Foppa, 5
☎ 02/6599136
Dolly's - Via C.G. Merlo, 1 ☎ 02/798324
Down Town - Gall. Piazza Duomo
☎ 02/866907
Five - Corso Magenta, 78
☎ 02/48014159
Franco il Contadino - Via Fiori Chiari, 20
☎ 02/86463446
Fuori Orario - Via Festa del Perdono, 4
☎ 02/58307404
Galleria Meravigli
Via Negri, 6 - Via Meravigli, 3
☎ 02/8055125

Gargantua - Corso di P.ta Vigentina, 31
☎ 02/58314888
Genovese - Via E. Troilo,14
☎ 02/8373180
Greco - Corso di P.ta Ticinese, 76
☎ 02/58103862
Hippopotamus - Via dei Fabbri, 1
☎ 02/8379103
Il Duomo del Grand Hotel Duomo
Via S. Raffaele, 1 ☎ 02/8833
Infinito - Via Leopardi, 25
☎ 02/4692276
Langhe - Corso Como, 6
☎ 02/6554279
Longhi - Corso Italia, 46
☎ 02/58322169
Lo Scoglio - Piazza XXIV Maggio, 10
☎ 02/89403750
Lo Strapuntino - Corso Garibaldi, 17
☎ 02/8053160
L'Assassino - Via Amedei, 8
☎ 02/8056512
L'Ulmet
Via Disciplini ang. Via Olmetto
☎ 02/86452718
Malastrana Rossa
Corso Garibaldi, 50
☎ 02/86462074

Matarel - Corso Garibaldi, 75
☎ 02/654204
Mei Lin - Via S. G. sul Muro, 13
☎ 02/86450881
Mergellina - Via Molino Armi, 48
☎ 02/89401333
Mirabilia Restaurant Club
Via Festa del Perdono, 12 ☎ 02/58307408
Mythos - Via Vico, 4
☎ 02/48006010
Momus - Via Fiori Chiari, 8
☎ 02/8056227
Montecristo - Via Prina, 17
☎ 02/312760
Oasi della Pizza - Via San Maurilio, 2
☎ 02/86454619
Olivia - Via G. D' Annunzio, 7/9
☎ 02/89406052
Ostarìa Vècju Friûl - Via E. De Marchi, 5
☎ 02/6704295
Osteria del Laghetto
Via Festa del Perdono, 1 ☎ 02/76002992
Osteria dell' Operetta
C.so di P.ta Ticinese, 70 ☎ 02/89407426
Osteria della Lanterna - Via Mercalli, 3
☎ 02/58309604
Osteria Via Prè - Via Casale, 4
☎ 02/8373869
Pagni - Via Orti, 7
☎ 02/55011267
Pane & Farina - Via Pantano, 6
☎ 02/8693274
Paper Moon - Via Bagutta, 1
☎ 02/76022297
Peschereccio - Via Quintino Sella, 2
☎ 02/861418
Popeye - Via S. Tecla, 3
☎ 02/862715
Riccione - Via Taramelli, 70
☎ 02/6686807
Sadler Osteria di Porta Cicca
Ripa di Porta Ticinese, 1 ☎ 02/58104451

Saint Andrew's - Via Sant'Andrea, 23
☎ 02/76023132
Sant'Eustorgio - Piazza Sant'Eustorgio, 6
☎ 02/58101396
Savini - Galleria Vittorio Emanuele II
☎ 02/72003433
Solferino - Via Castelfidardo, 2
☎ 02/6599886
Solito Posto - Via Bruni, 13
☎ 02/6888310
Stendhal - Via San Marco ang. Via Ancona
☎ 02/6555587
Taverna della Trisa - Via F. Ferruccio, 1
☎ 02/341304
Taverna Morigi - Via Morigi, 8
☎ 02/86450880
Trattoria da Pino - Via Cerva, 14
☎ 02/76000532
Trattoria Milanese - Via Santa Marta, 11
☎ 02/86451991
Valtellina - Via Taverna, 34
☎ 02/7561139
Vecchia Napoli
Via S. Tommaso, 6
☎ 02/86462709

SELF SERVICE UND FAST - FOOD

Amico Motta - Via Orefici, 1
☎ 02/72002211
Autogrill - Piazza Duomo, 24
☎ 02/86467365
Charly Ristorante Self Service
Via Mecenate, 77 ☎ 02/5060382
Daniel's Restaurant - Via Corridoni, 22
☎ 02/55184861
Italian Break - Corso Italia, 13
☎ 02/89010882
Mc Donald's - Via De Amicis, 25
☎ 02/58100137

Mc Donald's
Largo Corsia Servi, 11
☎ 02/76008502
Mc Donald's - Piazza Duomo, 17
☎ 02/86460435
Mc Donald's - Via Durini, 27
☎ 02/780860
Mc Donald's - Via Foscolo, 3
☎ 02/86460065
Mc Donald's - Piazza Cordusio, 2
☎ 02/8055697
Milano Ciao - Corso Europa, 12
☎ 02/76024211

CAFÉS UND KONDITOREIEN

Atm Bar - Bastioni di Porta Volta, 15
☎ 02/6552365
Biffi - C.so Magenta, 87
☎ 02/48006702
Boulevard Cafè - C.so Garibaldi, 39
☎ 02/72003435
Brunch di Gualtiero Marchesi
P.za Duomo, 1 ☎ 02/877159
Cafè du Bateau - P.le Cantore
☎ 02/89408266
Camparino
Gall. Vittorio Emanuele II, P.zza Duomo
☎ 02/86464435

Cap Saint Martin - Via De Amicis, 9
☎ 02/8394145
Carmel Cafè - Via Conca Naviglio, 37
☎ 02/8322621
Cavour - Via S. Maria alla Porta, 13
☎ 02/86454690
Cucchi - C.so Genova, 1
☎ 02/89409793
Daniel Bar
Via Crocefisso, 27 ang. Via della Chiusa
☎ 02/58313766
G.B. Bar - Via Agnello, 18
☎ 02/863446
Gin Rosa - Donini -
P.za San Babila, 4/b
☎ 02/76000461
I Giardini di Marzo - P.za Santo Stefano
☎ 02/58303776
Il Sole - Via Curtatone,5
☎ 02/55188500
Illi Bar - P.za F.Meda, 3
☎ 02/76021024
Jamaica - Via Brera, 32
☎ 02/876723
La Loggia - Via Larga, 8
☎ 02/86460731
Le Piramidi - P.za XXIV Maggio, 7
☎ 02/58101620
Le Trottoir - C.so Garibaldi, 1
☎ 02/801002

Magenta - Via Carducci,13
☎ 02/8053808
Marchesi - Via Santa Maria alla Porta, 11/a
☎ 02/876730
Portnoy - Via De Amicis, 1
☎ 02/58113429
Quadronno - Via Quadronno, 34
ang. C.so di P.ta Vigentina ☎ 02/58306612
Sant'Ambroeus - C.so Matteotti, 7
☎ 02/76000540
Stradone di S. Teresa
Via della Moscova , 29 ☎ 02/6597862
Taveggia
Via Visconti di Modrone, 2
☎ 02/76021257
Up To You - Via Vetere, 9
☎ 02/8323376
Victoria - Via Clerici, 1
☎ 02/8690834

PUBS UND PIANOBARS

Babuscka - Via Imbonati, 12
☎ 0338/8741858
Black Friars - Corso Porta Ticinese, 16
☎ 02/58106130
Edi's Pub - Via Mantova, 10
☎ 02/55184192
Gambrinus - Viale Teodorico, 7
☎ 02/3319951
Green House Pub - Via Gallarate, 113
☎ 02/3085635
Irish Pub Mulligans - Via Govone, 28
☎ 02/3451694
Live Music Grillo Parlante
Alzaia Naviglio Grande, 36
☎ 02/89409321
Palo Alto Café - Corso Porta Romana, 106
☎ 02/58314071
Pink Floyd - Via S. Teodosio, 37
☎ 02/2363460

Sayonara American Piano Bar
Via Ippolito Nievo, 1 ☎ 02/436635
The Beer Garden - Viale Pasubio, 14
☎ 02/6597370
Vascello La Stiva - Piazza Greco
☎ 02/6704353

THEATER UND KINOS

Teatro alla Scala - Via Filodrammatici, 2
☎ 02/88791
Teatro delle Erbe - Via Mercato, 3
☎ 02/876907
Teatro Nazionale - Piazza Piemonte, 12
☎ 02/48006415
Piccolo Teatro Città di Milano
Via Rivoli, 6 ☎ 02/88462236
Ambasciatori - Corso Vittorio Emanuele II, 30
☎ 02/77003306
Anteo Spazio Cinema - Via Milazzo, 9
☎ 02/65997732
Arcobaleno - Via Tunisia, 11
☎ 02/29406054
Ariston - G. del Corso, 1
☎ 02/76023806
Arlecchino - Via San Pietro all'Orto, 9
☎ 02/76001214
Brera Multisala - Corso Garibaldi, 99
☎ 02/29001890
Cavour - Piazza Cavour, 3
☎ 02/6595779
Centrale - Via Torino, 30
☎ 02/874826
Corallo - Largo Corsia dei Servi
☎ 02/76020721
Corso - G. del Corso
☎ 02/76002184
Ducale - Piazza Napoli, 27
☎ 02/47719279
Eliseo - Via Torino, 64
☎ 02/8692752

Maestoso - Corso Lodi, 39
☎ 02/5516438

Manzoni - Via Manzoni, 40
☎ 02/76020650

Mediolanum - G. Vittorio Emanuele II, 24
☎ 02/76020818

Mignon - G. del Corso, 4
☎ 02/76022343

Multisala Colosseo - Via Monte Nero, 84
☎ 02/59901361

Nuovo Arti - Via Mascagni, 8
☎ 02/76020048

Pasquirolo
Corso Vittorio Emanuele II, 38
☎ 02/76020757

Plinius - Viale Abruzzi, 28
☎ 02/29531103

President - Largo Augusto, 1
☎ 02/76022190

Splendor - Via Donatello, 37
☎ 02/2365124

DISKOTHEKEN

Acid - Via Copernico, 17
☎ 02/66980880

Al Vascello - Piazza Greco
☎ 02/66714934

American Disaster - Via Boscovich, 48
☎ 02/29531728

Beau Geste - Piazza Velasca, 4
☎ 02/8900692

Conir - Vicolo Fiori, 2
☎ 02/876016

Cosmo - Via Ricciarelli, 11
☎ 02/40091894

Curufin - Piazza Velasca, 4
☎ 02/86462017

Disco 3 In - Via Paolo Sarpi, 15
☎ 02/341803

Discoteque Show Club
Via Varanini, 2
☎ 02/2841092

Ebony Note - Via F. Bocconi
☎ 02/58301651
Felix - Via Gonzaga, 5
☎ 02/8692107
Gls - Via Costanza, 3
☎ 02/4816312
HD - Via Tajani, 11
☎ 02/718990
Hollywood - Corso Como, 15
☎ 02/6598996
Il Sottomarino Giallo - V.le Abruzzi, 48
☎ 02/29401047
La Nuova Idea - Via De Castillia, 30
☎ 02/69007859
Magic Rock Cafè - Via Sant'Antonio, 4
☎ 02/58309182
Magica - Piazza Castello, 1
☎ 02/860307
Nepentha - Piazza Diaz, 1
☎ 02/804837
New Parco delle Rose
Via Fabio Massimo, 36 ☎ 02/55212526

Perla lu - Viale Monte Grappa, 14
☎ 02/6597824
Pink Elephant - Via Sarpi, 33
☎ 02/3311290
Propaganda - Via Castelbarco, 11
☎ 02/58310682
Rolling Stone
Corso XXII Marzo, 32
☎ 02/733172
Rosis - Gall. San Babila, 4/c
☎ 02/782429
Tecla Time - Via Santa Tecla, 3
☎ 02/86464205
Time - Corso Lodi, 65
☎ 02/5397347
Tucano - Via Assunta, 8
☎ 02/531420
Tulipano Nero
Viale San Michele del Carso, 20
☎ 02/48016376
23 RD Street - Via Cesariano, 10
☎ 02/33101906

Refektorium von Leonardo da Vinci
Piazza Santa Maria delle Grazie, 2
☎ 02/4987588
(Auskunft über Öffnungszeiten)
Galleria D'Arte Moderna
Via Palestro, 16 ☎ 02/76002819
Dienstag - Sonntag: 9,30-17,30
Museo Civiche Raccolte Archeologiche
Corso Magenta, 15 ☎ 02/86450011
Dienstag - Sonntag: 9,30-17,30
Museo d'Arte Marinara "Ugo Mursia"
Via Sant'Andrea, 6 ☎ 02/783797
Musei del Castello Sforzesco
Piazza Castello ☎ 02/62083940
Täglich: 9-17,40

Museo della Basilica di S. Ambrogio
Piazza S. Ambrogio, 15 ☎ 02/86450895
Mittwoch - Montag: 10-12;15-17
Samstag und Sonn- u. Feiertage: 15-17
Museo della Fabbrica del Duomo
Piazza Duomo, 14 ☎ 02/860358
Dienstag - Sonntag: 9,30-13,30; 15-18
(geöffnet an Feiertagen, die auf den
Montag fallen).
**Museo della Scienza e della Tecnica
"Leonardo da Vinci"**
Via S. Vittore, 21 ☎ 02/485551
Dienstag - Freitag: 9,30-16,50
Samstag und Sonntag: 9,30-18,20
(geöffnet an Feiertagen, die auf den
Montag fallen).
Museo di Milano - Via Sant'Andrea, 6
☎ 02/783797
Dienstag - Sonntag: 9-13; 14-18
Museo di Storia Naturale
Corso Venezia, 55 ☎ 02/781312
Montag - Freitag: 9-18
Samstag und Sonn- und Feiertage: 9,30-18,30
Museo Manzoniano - Via G. Morone, 1
☎ 02/86460403
Montag - Freitag: 9,30-12; 14-16
Museo Navale Didattico
Via S. Vittore, 21 ☎ 02/4817270
Dienstag - Freitag: 9,30-17
Museo Poldi Pezzoli - Via Manzoni,12
☎ 02/794889 Dienstag - Sonntag: 10-19
Museo Teatrale alla Scala
Piazza della Scala, 2 ☎ 02/8879473
Dienstag - Sonntag: 9-10; 14-17
Padiglione di Arte Contemporanea
Via Palestro, 14 ☎ 02/62086537
Dienstag - Sonntag: 9,30-18,30
Pinacoteca Ambrosiana - Piazza Pio XI, 2
☎ 02/806921 Dienstag - Sonntag: 10-17,30
Pinacoteca di Brera - Via Brera, 28
☎ 02/722631
Dienstag - Samstag: 9-17

RUNDGÄNGE

INHALT